Invasions et Sièges de Paris.

Attaque de la Butte S.t Chaumont.

INVASIONS
ET
SIÉGES DE PARIS,
EN 1814 ET 1815,
PAR LES PUISSANCES ALLIÉES;

Faisant suite aux Batailles, Combats et Victoires des Français pendant la Révolution.

PAR UN TÉMOIN OCULAIRE.

O vos omnes qui transitis per viam, videte si dolor est sicut dolor meus.

A PARIS,
Chez TIGER, Imprimeur-Libraire, rue du Petit-Pont, n°. 10.
AU PILIER LITTÉRAIRE.

On trouvera chez le même Imprimeur-Libraire, les ouvrages ci-après, concernant les guerres, batailles, combats, victoires, etc., des Français.

Batailles, combats et victoires des Français en Espagne et en Portugal, 1 volume.
—— En Allemagne et en Belgique, 2 volumes.
—— En Autriche et en Pologne, 2 volumes.
—— En Egypte, en Syrie et en Palestine, 1 vol.
—— En Hollande, en Italie, etc., 1 volume.
—— En Russie, 1 volume.
—— En Saxe, 1 volume.

Invasions et siéges de Paris, etc. 1 volume.

Moreau; sa vie, ses exploits militaires, etc.; 1 vol.

Pichegru; sa vie, ses talens militaires, etc.; 1 vol.

Vie du maréchal Ney, contenant des détails intéressans. — Son procès: 2 vol.

Vie d'Athanase Charette, général vendéen; 1 vol.

Henri de Larochejaquelein, général en chef de l'armée d'Anjou: suite de la guerre de la vendée; 1 v.

Tuffin de la Rouarie, général des Chouans: suite de la guerre de la Vendée: 1 vol.

Le Siége de Barcelonne, ou les Victimes de l'Inquisition; 1 volume.

Les Conquérans du Nouveau-Monde, ou histoire de Christophe Colomb et de Fernand Cortez, traduit de l'Anglais, 2 vol.

Les Flibustiers, en 8 volumes, qui se vendent ensemble ou séparément.

Les douze Césars, 1 vol.

PARIS, DE L'IMPRIMERIE DE TIGER.

AVERTISSEMENT.

L'HISTOIRE des batailles, des combats et des victoires des Français, pendant vingt-cinq ans, que nous venons de publier, serait, pour ainsi dire, incomplette, si elle n'était terminée par la relation des deux invasions de la France et des deux siéges de Paris, en 1814 et 1815. C'est cette relation que nous présentons aujourd'hui au Public, dégagée de cet esprit de parti qui altère toujours la vérité, pour n'écouter que le cri des passions.

Paris pouvait-il se défendre? Voilà la question que l'on fait ordinairement. Nul doute qu'il aurait pu le faire avec avantage, s'il n'eût renfermé dans son sein des personnes intéressées à presser sa reddition, et même de grands fonctionnaires publics qui voulaient sauver leurs vies et leurs fortunes.

Le maréchal de Saxe, qu'on ne taxera pas d'ignorance et d'inhabileté, dit, dans ses mémoires, qu'on pouvait défendre Paris avec 20,000 hommes seulement. Nous en avions plus de 20,000, sans compter le peuple des faubourgs, et tous ceux à qui l'on refusa des armes.

Quoi qu'il en soit, on ne peut se dissimuler que ce n'ait été un bonheur de renoncer à une résistance qui pouvait entraîner les plus grands malheurs, et faire retomber la France dans un désordre et une anarchie funestes, dont il n'eût guères été possible de calculer les suites déplorables.

Il est vrai de dire qu'on aurait pu payer moins cher la retraite des armées des puissances alliées; mais il y avait tant de gens intéressés à prodiguer la fortune publique pour sauver la leur, qu'on ne dut pas être étonné des sacrifices énormes qu'on fit, pour éloigner un ennemi qu'on pouvait repousser avec des baïonnettes.

Malgré ces deux invasions, la France n'en est cependant pas moins florissante aujourd'hui; ce qui pourrait prouver, au besoin, qu'elle a bien voulu céder un instant pour éviter les maux inséparables d'une guerre, qui serait devenue alors presqu'interminable.

Nous avons payé près de deux milliards ce qu'on pouvait avoir à meilleur marché; mais les bonnes choses ne peuvent trop se payer, et la paix qui a mis fin à une guerre désastreuse, est un bien qui ne coûte jamais trop.

Le roi a prononcé les mots sacrés de *pardon* et *oubli;* mais personne ne veut pardonner et oublier, et il existe encore en France un parti qui rappellerait volontiers l'étranger en France. En Angleterre, lorsqu'elle est menacée d'un danger imminent, tous les partis se réunissent en un seu , pour y opposer une digue formidable. En France, il en est autrement; chacun n'y voit que ses petits intérêts et s'embarrasse fort peu de l'intérêt général; calcul assez mal raisonné, car il est prouvé que les intérêts particuliers souffrent considérablement lorsque l'intérêt général est compromis; mais le Français ne raisonne pas toujours selon les principes de la logique et d'une saine politique. Le moment présent est tout pour lui; et il ne cherche point dans l'avenir les suites funestes que peut amener son insouciance.

INVASIONS

ET

SIÉGES DE PARIS.

Après la retraite désastreuse de Moscou, et la destruction presqu'entière de la cavalerie française, on peut assurer que cette campagne fut plus décisive encore par ses résultats moraux, que par l'étendue des pertes matérielles. Elle affaiblit considérablement la confiance des troupes, et augmenta en proportion celle des ennemis; elle détruisit l'estime et le dévouement dans l'esprit de nos généraux, et força en quelque sorte les hommes les plus éclairés à douter de la justesse des vues politiques et de la supériorité des talens militaires de Napoléon.

Ce dernier cependant se préparait à des

hostilités sérieuses, et à se mettre en état de continuer la guerre au dehors.

Un sénatus-consulte, rendu le 10 janvier 1813, pour remplacer les 30,000 Prussiens, dont la trahison du général Yorck avait affaibli l'armée française, mit à la disposition de Napoléon 300,000 hommes, pris également dans les gardes nationales, dans les conscriptions antérieures à 1813 et dans celle de 1814. Un nouvel acte du 5 février pourvut au gouvernement et aux soins de l'intérieur, en conférant la régence à l'impératrice, et autorisant le couronnement du roi de Rome.

Avant d'ouvrir la campagne, Napoléon crut devoir soumettre ses projets à la sanction du corps législatif, et déclarer le 14 février, un peu impudemment, à la face de la nation et de l'Europe, que les Anglais étaient forcés d'évacuer l'Espagne; et qu'il avait triomphé en Russie de tous les obstacles créés par la main des hommes; mais que la rigueur excessive et prématurée de l'hiver, avait tout fait changer: « J'ai fait de grandes pertes,

« dit-il; elles auraient brisé mon âme, si « j'avais dû être accessible à d'autres sen- « timens qu'à l'intérêt, à la gloire, à l'a- « venir de mes peuples. »

Une nouvelle levée de 180 mille hommes est ordonnée; on appelle au-delà des frontières 80 mille hommes de ce premier ban.

A s'en rapporter aux calculs officiels, Napoléon devait ouvrir la campagne avec environ 600 mille hommes, en y joignant le contingent de ce qui lui restait d'alliés; il est vrai que les deux tiers environ se composaient de nouvelles levées. Les places de la Pologne et de l'Oder étaient restées en outre occupées par de nombreuses garnisons.

Napoléon, parti de Paris le 15 avril 1813, se hâta de chercher l'ennemi qui avait poussé ses premiers corps jusqu'au-delà de Leipsick.

Une grande bataille, livrée le 2 mai, auprès de Lutzen, parut rendre à l'armée française sa supériorité accoutumée. La lutte avait été terrible, puisqu'on avoua que cette victoire nous coûtait 10 mille hommes. Selon les rapports des alliés, qui étaient aussi mensongers que les nôtres, ils repoussèrent pendant toute la journée les attaques des Français, et offrirent le lendemain à leur chef un nouveau combat que celui-ci refusa, pour manœuvrer sur leurs derrières et couper leurs communications avec l'Elbe. Par suite de ce mouvement, et de l'entrée des Français dans Leipsick, ils se décidèrent à se couvrir de ce fleuve; ainsi Napoléon marcha vers Dresde, où il entra le 8 mai.

Croyant que l'ennemi allait se porter derrière l'Oder, Napoléon dirigea la marche de ses troupes en conséquence de cette supposition. Mais les ennemis, instruits des mouvemens de l'Autriche, qui se préparait à offrir une médiation armée, pour la pacification de l'Europe, s'arrêtèrent dans de fortes positions autour de Bautzen. Ce fut là que les deux partis se choquèrent de nouveau le 19, le 20 et le 21 mai. L'ennemi, contraint de se replier le lendemain, les Français occupèrent les hauteurs de Bautzen, après une action très-vive. La troisième journée lui fit abandonner les lignes formidables de Würschen, que le maréchal Ney avait tournées par une habile manœuv e.

En derniers résultats, ces batailles ne furent que de brillantes boucheries, car elles n'empêchèrent point les alliés de faire approcher, ni de recevoir de nouveaux renforts. Les hostilités cessèrent au 1er juin, par suite d'une suspension d'armes consentie entre les parties belligérantes.

Les négociations de Prague, qui suivirent l'armistice, furent sans effet, et chacun en appela à son épée.

L'Autriche, qui s'était engagée à soutenir avec 150 mille hommes de prétendues propositions de paix, envoya le 12 août (1) la déclaration formelle de son accession à l'alliance de la Russie.

---

(1) Ce fut ce même jour que les hostilités recommencèrent.

Napoléon se proposa de nouveau à combattre la coalition. L'opinion de ses généraux, qu'il consulta, était de quitter la position de Dresde et de se rapprocher du Rhin; quoique cette opinion lui parût raisonnable, il crut devoir la sacrifier à *sa gloire*, qui, dit-il, ne lui permettait pas de battre en retraite; en conséquence, il fit ses dispositions pour attaquer en même tems à droite, à gauche, en avant, la Bohême, la Prusse et la Silésie. De grands succès, chèrement achetés, avançaient l'instant des revers décisifs. Le maréchal Macdonald fut écrasé sur le Bober, et Bonaparte ramena sa garde au pas de course pour defendre Dresde, que 150 mille hommes, débouchant de la Bohême, venaient attaquer. Les combats terribles du 26 et du 27 août, firent échouer le but principal de cette attaque.

Napoléon fut obligé de quitter enfin la position de Dresde, si chèrement et si inutilement conservée. La Bavière passait à nos ennemis. A Vachau, à Leipsick, la victoire abandonnait nos drapeaux.

Les affaires de Hanau, du 29 au 31 octobre, ne prouvèrent que l'invincible courage des troupes françaises, les talens et l'habileté des généraux; une ruse heureuse assura à Napoléon, le 31, le passage qui lui avait été fermé la veille et l'avant-veille, et lui permit de se rendre à Mayence, où il entra le 2 novembre. Ainsi se termina la campagne de 1813, dont nous avons cru devoir tracer une légère esquisse, pour préparer au récit de celle de 1814.

Des revers, qui paraissaient incompréhensibles, amenèrent toutes les forces de l'Europe sur nos frontières. En vain, on avait tout employé pour déguiser l'étendue de nos pertes; les résultats parlaient plus haut. Les journées seules des 16, 18 et 19 octobre, auprès de Leipsick, nous avaient coûté 40,000 hommes, 300 pièces de canon, 1000 caissons, des magasins immenses. Les affaires de Hanau nous enlevèrent 30,000 hommes, tant en prisonniers qu'en tués ou blessés; la route de l'armée jusqu'à Mayence fut encore tracée avec des cadavres et des débris ; notre perte, dans cette campagne, fut évaluée à près de 300 mille hommes, celle des prisonniers à 180 mille hommes, celle des canons de 800 à 900 pièces, et le nombre des caissons de 2,500 à 3,000.

Napoléon cependant, entouré de débris, levait encore une tête menaçante, et faisait déployer à la France une attitude formidable. Tranquille au milieu de Paris, il augmentait de sa propre autorité les impôts indirects, et recevait gracieusement du sénat 300 mille conscrits, auxquels on ajouta 120 mille hommes sur les anciennes classes.

Cependant, sentant le besoin de nouveaux appuis, il appela autour de lui le corps législatif. Les organes de la nation firent entendre alors au despote le langage de la vérité, et lui demandèrent qu'il posât franchement et ouvertement les bornes de ses prétentions ; que dans l'intérieur, le despotisme et l'arbitraire furent remplacés par les lois et la constitution. A ces conditions, le corps législatif lui répondait du mouvement général et spontané du peuple français en sa faveur. Si Bonaparte les eût acceptées, ce mouvement avait lieu, et l'effet en était incalculable. Son orgueil insensé, son obstination naturelle, la honte de céder, et les conseils surtout de ses flatteurs le décidèrent à briser avec violence le corps législatif.

Mais tandis que Napoléon, poussé par sa funeste étoile, insultait ennemis et sujets, qu'il ordonnait l'armement de la garde nationale, qu'il rassemblait et exerçait à la hâte de nouvelles levées, qu'il appelait tous les Français aux armes, pour faire tout le mal possible aux ennemis ; les alliés avaient nétoyé l'Allemagne, à l'exception de quelques garnisons, du corps renfermé dans Hambourg, et déployaient sur le Rhin, de la Suisse à la Hollande, les forces les plus redoutables. Ils allaient entreprendre une invasion qui aurait pu leur devenir funeste, avec une autre tête que celle de Napoléon, qui n'était plus alors que l'ombre de lui-même, et que le succès cependant a pleinement justifiée.

Quinze jours avant leur entrée sur le territoire français, nos journaux nous présentaient leurs armées comme peu nombreuses, et que la mésintelligence régnait parmi les chefs. Mais bientôt ces assertions se dissipèrent, lorsqu'on les vit pénétrer sur notre sol par trois points d'attaque à la fois.

Les alliés se firent précéder, dès le 6 et ensuite le 21 décembre 1813, par des proclamations et des déclarations dans lesquelles elles annonçaient qu'elles ne faisaient point la guerre à la France : « Nous « repoussons, disaient-elles, le joug que « votre gouvernement voulait imposer à « nos pays, qui ont les mêmes droits à « l'indépendance et au bonheur que le « vôtre.

« Le maintien de l'ordre public, le res- « pect pour les propriétés particulières, « la discipline la plus sévère marqueront « le passage des armées alliées. Elles ne « sont animées de nul esprit de vengeance ;

« elles ne veulent point rendre à la France
« les maux sans nombre dont la France,
« depuis vingt ans, a accablé ses voisins
« et les contrées les plus éloignées.... La
« seule conquête qu'elles ambitionnent
« est celle de la paix.... nous espérions la
« trouver avant de toucher au sol fran-
« çais; nous allons l'y chercher. »

Tout le monde sait quels effets ont répondu à de si nobles dispositions, et à de si belles promesses!

A l'ouverture de la campagne, les forces ennemies se trouvèrent divisées en sept armées, dont cinq agissaient immédiatement contre la France, et deux en Italie. Ces armées étaient les suivantes :

1° Grande armée austro-russe, commandant en chef, le prince de Schwarzenberg: elle se composait des corps d'armées autrichiens de Colloredo, Wimpfen, Giulay, Bianchi, Bubna, Maurice et Louis de Lichtenstein; des corps d'armées russes de Barclay-de-Tolly et Wittgenstein; des Bavarois en trois divisions, général en chef, le comte de Wrède; des troupes de Wurtemberg, sous les ordres de leur prince royal; et des Badois, sous le comte de Hochberg;

2° Grande armée prussienne ou de Silésie, commandant en chef, le maréchal Blücher, formée du corps d'Yorck en trois divisions, du corps de Kleist en trois divisions, du corps de Bulow en quatre divisions, des quatre corps russes de Tscherbatoff, Langeron, Sacken et Winzingerode, et des Saxons, sous le prince de Saxe-Weymar et le baron de Thielmann;

3° Grande armée suédoise, commandant en chef, le prince royal de Suède; formée du corps suédois, des cinq corps russes de Benningsen, Tettenborn, Dœrnberg, Benkendorf, Tchernitchef, dont le premier était resté devant Hambourg, et d'un corps d'Anglo-Allemands, troupes anséatiques et contingens des petits états de la Confédération;

4° L'armée anglo-batave, commandant en chef, sir Thomas Graham;

5° L'armée anglo-espagnole et portugaise, en-deçà des Pyrénées, commandant en chef, lord Wellington;

6° L'armée autrichienne d'Italie, commandant en chef, le comte de Bellegarde ;

7° L'armée de Naples, aux ordres du roi Joachim, qui s'était joint à la coalition par un traité du 11 janvier 1814.

Les premières opérations marquantes furent dirigées vers la Suisse. Tandis que le prince de Schwarzenberg y pénétrait dès le 21 décembre, sa division de Bavarois agissait du côté de Colmar, entrait dans cette partie de l'Alsace, où elle se battait le 24; Huningue fut bientôt bloqué et bombardé, et Béfort attaqué : la garnison se retira dans la citadelle.

Le 30 décembre, Genève secoua le joug de Napoléon, et força la garnison à se retirer.

Au premier janvier 1814, la grande armée prussienne, aux ordres du maréchal Blücher, franchit le Rhin sur trois points ; et tandis que la division Langeron observait Mayence, celles de Sacken, d'Yorck et de Kleist se portèrent sur Pont-à-Mousson, Metz et Thionville. Le même jour, le corps d'armée du comte Wittgenstein passa le Rhin au fort Louis; il laissa le comte de Hochberg avec ses Badois pour bloquer Strasbourg et le fort de Khell, et se porta avec le reste de ses troupes sur la Marne à Joinville, par Phalsbourg, Sarrebourg, Lunéville et Nancy. Ce corps liait les deux grandes armées de Blücher et de Schwarzenberg.

Les corps des maréchaux Victor et Marmont, affaiblis par les maladies qui avaient désolé l'armée depuis son retour de Leipsick, ne comptaient pas quarante-cinq mille hommes effectifs, ils ne pouvaient espérer d'arrêter l'ennemi. Le maréchal Marmont s'était retiré à son approche, et, le 19, il était à Saint-Mihiel. Le maréchal Victor, par suite des mouvemens des Autrichiens, avait aussi quitté Strasbourg, et, repassant les Vosges, s'était arrêté sur la Meurthe, en avant de Lunéville, tandis que le maréchal Ney se plaçait à Nancy. Le maréchal Macdonald, chargé de la défense du Bas-Rhin, reculait de son côté devant l'armée du prince de Suède; et, le 18, son quartier-général était reporté jusqu'à Namur. En Hollande, les troupes anglaises du général Graham, secondées par les Hollandais et une division du prince de Suède, nous repoussaient jusqu'à l'Escaut, et attaquaient les places où nos garnisons s'étaient maintenues.

Le général Maison, qui commandait le premier corps de l'armée d'Anvers, après avoir soutenu des combats glorieux devant cette ville, rentra en France, et jeta sa division dans Lille et dans les places voisines, d'où il fit plus tard des excursions heureuses dans la Belgique, lorsque l'ennemi s'y fut avancé.

Sur ces entrefaites, on publiait à Paris la formation de douze nouveaux régimens, dits volontaires, et destinés à recevoir les ouvriers dont on prétendait que les ateliers avaient été fermés ; on annonçait la prochaine réception d'un négociateur français, le duc de Vicence, au quartier des alliés ; on donnait de bonnes nouvelles du Midi, où l'on disait que, du 9 au 13 décembre, lord Wellington avait *complétement échoué* dans ses projets ; et l'on faisait courir le bruit que la division était prête à se mettre parmi les Anglais, les Espagnols et les Portugais.

Cependant Mâcon et Dôle avaient cédé à l'armée autrichienne, qui dirigeait à la fois ses corps vers Nancy, vers Langres et vers Lyon. Le maréchal Mortier s'était retiré de Langres à Chaumont; le maréchal Augereau se portait à Lyon; le général Dessaix organisait la défense de la Savoie avec un courage et un dévouement dignes des plus grands éloges. Le maréchal Victor avait reculé jusqu'à la Meuse pour se mettre en ligne avec le maréchal Marmont.

Par tous ces mouvemens, nos frontières étaient envahies de Lyon à Anvers, dans une distance de trente à quarante lieues en deçà du Rhin.

Une armée française cependant était rassemblée en avant de Châlons, entre la Marne et la Seine. La présence de Napoléon y devenait de plus en plus nécessaire. Enfin, le 25 janvier, il quitte la capitale, après avoir confié la garde de sa femme et de son fils. Ce fut à Vitri qu'il rejoignit sa garde, et tout ce qu'on avait pu rassembler de troupes sur ce point.

Dès le 24, l'ennemi avait préludé aux coups sérieux qui allaient bientôt se porter, par le combat de Bar-sur-Aube, où le maréchal Mortier voulait conserver une position, après s'être replié de devant Chaumont. Dans cette affaire, l'ennemi nous força, en définitive, à évacuer Bar-sur-Aube, ce qui était le but de son attaque; et le maréchal Mortier, après avoir tenu en effet long-tems dans une belle position au pont de l'Aube, abandonna la ville pendant la nuit, et se retira sur Troyes. Dans ce même tems, une autre colonne autrichienne se dirigeait par la route de Châtillon et de Bar-sur-Seine, et une troisième par celle de Tonnerre et de Joigny.

Les mouvemens du maréchal Blücher se combinaient avec ceux de l'armée austro-russe. Il avançait de la Lorraine sur la Haute-Marne pour la passer, et opérer sa jonction avec le prince de Schwarzenberg.

Chemin faisant, ses divisions enlevèrent, les 23 et 24 janvier, Ligny et Saint-Dizier; il poussa un de ses corps sur Brienne, pour établir sa communication avec les troupes qui occupaient Bar-sur-Aube. Ce fut dans ces positions, et pour prévenir la réunion complète des deux armées ennemies, que Napoléon se hâta d'attaquer, le 27, à Saint-Dizier, la partie de l'arrière-garde prussienne qui y attendait encore la division d'Yorck. Le retard de ce corps donna aux Français la supériorité sur le général Lanskoï, affaibli en outre par la marche du général Tcherbatoff sur Brienne : il fut chassé de la ville le 27 au matin. Cependant Blücher, qui s'attendait à cette attaque, continuait son mouvement de concentration sur Brienne. Il ralliait le corps de Lanskoï, qui s'était retiré vers Joinville, et recevait les renforts de la grande armée autrichienne qui se mouvait de Chaumont, et avait déjà porté les corps du prince de Wurtemberg et de Giulay à Bar-sur-Aube, et en avant sur la route de Brienne. Il connut bientôt que Napo-

léon

léon en personne marchait à lui et qu'il avait appelé de Troyes et de l'Aube les troupes du maréchal Mortier pour fortifier sa droite. Le maréchal Blücher se retirait vers les Autrichiens, qui s'avançaient pour l'appuyer, lorsque nous parûmes devant Brienne le 29 janvier après midi ; il se détermina à y recevoir le combat. Il fut terrible. Tandis que le général Alsufieff la défendait avec vigueur, les alliés attaquaient notre gauche, où Napoléon était faible en cavalerie. La journée fut long-tems indécise ; elle eût pu être tout à fait à l'avantage des ennemis, s'ils eussent mieux gardé le château de Brienne, où le chef d'état-major du général Victor parvint à s'introduire à la faveur de la nuit. Ce fut là qu'il y eut un grand carnage dans l'action partielle qui s'engagea pour reprendre ce poste. Il resta au pouvoir des Français. Le maréchal Blücher continua le mouvement rétrograde qu'il avait commencé vers Bar-sur-Aube. Nos colonnes l'y suivirent le 30. Le maréchal Victor et le général Grouchy prirent une belle position aux villages de la Rothière et de Dienville.

De leur côté, les alliés se fortifiait de toutes parts. Le général Yorck était arrivé le 30 à Saint-Dizier, qu'il avait repris. Le comte Wittgenstein était entré dans Vassi; le comte de Wrède, qui avançait aussi avec ses Bavarois par Joinville, se porta vers notre gauche, que le prince de Wurtemberg devait attaquer. La division Giulay était en ligne pour combattre contre notre droite; celle de Sacken était dirigée sur notre centre à la Rothière. Des colonnes de grenadiers russes étaient en réserve : les cuirassiers de la garde russe et la cavalerie autrichienne, venant de Bar-sur-Seine, arrivèrent à la fin de l'action. De part et d'autre il y eut de 70 à 80 mille hommes en bataille : l'affaire commença vers midi. Le prince de Wurtemberg l'engagea par l'attaque de Chaumenil et de la ferme de la Giberie, où était placé le maréchal Victor. Cette position fut disputée avec acharnement pendant trois heures ; le prince la prit, en fut chassé, la reprit et s'y maintint non sans de grands efforts. Notre centre envoya alors des renforts à la gauche. Le général Sacken profita de ce mouvement pour l'attaquer avec toute son infanterie en colonnes serrées, qu'il poussa jusqu'à l'église de la Rothière. Le combat y devint acharné et dura jusqu'à minuit. Bonaparte chargea lui-même à la tête de la jeune garde pour reprendre le village; Blücher s'y porta pour le défendre et le conserver. Le premier eut un cheval tué sous lui; un cosaque fut frappé à côté du second: à minuit l'ennemi resta maître de la position. L'armée française opéra sa retraite sur Troyes et Arcis. De son côté, le comte de Wrède avait forcé le maréchal Marmont à Morvilliers, d'où celui-ci s'était retiré vers Vitry.

Quelques villages qui s'étaient armés pour s'opposer au brigandage des alliés, furent soumis à l'exécution militaire; ce qu'ils firent probablement pour remplir les belles promesses qu'ils avaient faites par leurs proclamations.

Napoléon, pendant le reste de la nuit,

après la cessation de l'action, se retira sur Brienne. Il passa l'Aube le 2 février au pont de Lesmont ; le 3, à midi, il entrait à Troyes.

Les généraux ennemis marchèrent sur deux directions vers Paris. Le prince de Schwarzenberg suivit les rives de la Seine ; le dégel qui survint retarda ses mouvemens. Son artillerie s'enfonça dans des terrains fangeux, et le força à faire plusieurs contre-marches pour tourner les positions de Troyes, que Napoléon, après quelques chocs d'avant-gardes, lui abandonna dans la nuit du 7 février.

Les alliés y furent accueillis par quelques partisans ; ils continuèrent leur mouvement vers Sens, Nogent et Méry. Le prince de Wurtemberg entra le 11 dans la première de ces villes, dont la garnison lui opposa une vive résistance. Le maréchal Blücher s'était rapproché de la Marne : son corps d'armée, aux ordres du général Yorck, nous avait fait évacuer Châlons le 5. Le maréchal Macdonald s'y était porté de la ligne de la Meuse, où opérait une partie de l'armée du prince de Suède, dont les premiers corps, après avoir occupé Dinant et Philippeville, s'étendaient vers Reims. Le 9 février, le quartier-général prussien s'était avancé de Vertus à Etoges, les corps de Sacken et d'Yorck occupaient Montmirail et Château-Thierry, et poussaient leurs partis jusqu'à la Ferté-sous-Jouarre et Meaux. Napoléon, de la position de Nogent, observait ces divers mouvemens. Il était débordé sur ses deux flancs; il voyait l'ennemi au cœur de la France, et les plus belles provinces exposées à tous les fléaux qu'entraîne la guerre.

Après quelques mouvemens, Napoléon quitte Nogent et court vers les Prussiens pour attaquer Blücher. Cette résolution était commandée par les échecs du corps d'armée qui avait évacué Châlons, et par le danger plus imminent, qui, de ce côté, menaçait Paris, dont l'ennemi n'était plus qu'à trois marches.

Dans cette position, Blücher suivit des combinaisons qui, considérées militairement, ne déposent pas en faveur de ses talens de général. En effet, Blücher, en s'éloignant trop de la grande armée alliée et en éparpillant ses corps, les mit hors d'état de lier leurs opérations et de se soutenir mutuellement; en même tems il présenta à Napoléon l'occasion de recourir à sa tactique accoutumée, c'est-à-dire, de couper son ennemi et de tomber avec toutes ses forces sur des corps isolés : cette tactique lui réussit encore une fois complètement. On doit rendre justice à la rapidité de sa marche, à la hardiesse de ses manœuvres. Il eut enfin un succès brillant.

Le général Alsufieff, qui liait à Champ-Aubert le corps du maréchal Blücher à celui de Sacken, y fut attaqué et culbuté avec une grande vivacité; 3,000 prisonniers et 30 pièces de canon, furent le résultat de cette attaque.

Par ce succès, au reste, le général Sacken, pris à dos, se trouva compromis. Il rallia le corps d'Yorck, et le 11, il attaqua les Français, qu'il supposait forts de trente mille hommes. Cette action, appelée la bataille de Montmirail, fut très-vive, surtout au village de Marchaix, qui fut pris et repris trois fois, et à la ferme de l'Epine-aux-Bois, où l'ennemi avait une batterie formidable de quarante canons. Le général Sacken avoua la perte de quatre canons ; nous évaluâmes celle des hommes à huit mille, tant tués que prisonniers. Le 12, il opéra sa retraite sur Château-Thierry, où Bonaparte le suivit ; mais on ne put lui fermer ce passage. On lui prit du moins dix mille hommes et trois canons. Sacken continua de s'éloigner vers Soissons et Reims.

Le maréchal Blücher, à qui Napoléon avait dérobé ses mouvemens, était resté le 12 dans sa position, entre Etoges et Bergères : mais le 13, il se détermina à attaquer le maréchal Marmont, qui s'était porté vers Etoges avec neuf ou dix mille hommes, et le mena battant jusqu'au-delà de Champ-Aubert. Ce mouvement ramena Napoléon en toute hâte de la poursuite de Sacken. Il fit de nuit, avec sa garde et un gros corps de cavalerie, une marche forcée pour se réunir à la division Marmont, et le 14, à huit heures du matin, il fit attaquer l'ennemi qui venait de prendre position à Vauchamp. Ce village fut disputé avec le dernier acharnement. Blücher, forcé de battre en retraite, forma son infanterie en carrés. Quatre de ces carrés furent, en différentes charges, enfoncés. Napoléon, ayant envoyé de la cavalerie sur les derrières du maréchal prussien, celui-ci fut obligé de la rompre sur la grande route qu'elle occupait vers Champ-Aubert. A Etoges, il trouva encore de l'infanterie française que, bien qu'il fût nuit, il fallut attaquer pour pouvoir continuer la retraite. Les généraux Kleist et Kaphsievitsch forcèrent le passage. Le maréchal Blücher s'arrêta à sa première position, rallia à Châlons les corps d'Yorck et de Sacken, et se fit renforcer par les corps de Langeron et de Saint-Priest, attendant l'occasion de reprendre l'offensive. Après ses pertes de Champ-Aubert, Montmirail et Vauchamp, il lui restait cinquante à soixante mille hommes. Ces affaires lui coûtèrent près de vingt mille hommes. Ce succès, chef-d'œuvre de tactique, fut, jusqu'à un certain point, balancé par la perte de Soissons, où, après un combat d'avant garde, livré le 13, entre cette ville et Laon, le général Winzingerode entra de vive force le 14, et prit trois mille hommes et treize canons.

Dans la joie qu'avaient produite les nouvelles précédentes, le gouvernement fit entrer le général Alsufieff et d'autres officiers de marque; on y promena, le 18 février, le long des boulevards, une colonne de six mille prisonniers.

Mais tandis que Napoléon refoulait les corps de Blücher sur Epernay et Châlons, les routes de la Seine restaient ouvertes à l'armée austro-russe du prince de Schwarzenberg. Elle fut arrêtée le 11 et le 12 à Nogent par le général Bourmont, que le maréchal Victor y avait placé, et qui repoussa vigoureusement l'ennemi. Pendant ce tems, les alliés ayant passé la Seine à Bray et à Pont-sur-Seine, les Français abandonnèrent la rive gauche en détruisant les ponts que rétablit l'ennemi. Les grandes forces qu'il développa aussitôt sur la rive droite, déterminèrent les maréchaux Victor et Oudinot, que Napoléon avait chargés de défendre les ponts de la Seine, à se replier sur l'Yères, en arrière de Guignes. Les corps de Wrède et de Wittgenstein s'étaient étendus jusqu'à Provins. Ces généraux marchaient par Nangis sur Melun, tandis que Bianchi et Platoff se portaient de Montereau à Fontainebleau, où ils entraient le 17. Ce fut alors que Napoléon reçut un renfort d'excellentes troupes, et surtout de dragons venus d'Espagne. Obligé de revenir de la Marne à la Seine, il y fit transporter une partie de sa garde en poste, et attaqua le 17 le corps de Wittgenstein, dont il battit l'avant-garde au combat de Naugis, et à qui il fit éprouver une perte de 1,800 hommes, de neuf canons et de quelques bagages. Ce général repassa la Seine, ainsi que le comte de Wrède, qui avait été débusqué de sa position de Villeneuve. Ces deux corps en retraite découvrirent Montereau, où le prince de Wurtemberg prenait position. Napoléon eût voulu le prévenir et en occuper le pont ; mais un officier, qui portait des ordres au général Victor, eut quelque peine à le joindre pendant la nuit du 17, et ce contretems retarda de plusieurs heures l'attaque de Montereau. L'ennemi s'y maintint le lendemain ; mais une charge des dragons d'Espagne et des gardes nationales bretonnes, qui, voyant le feu pour la première fois, rivalisèrent de sang-froid et d'ardeur avec la ligne, décida sa retraite. Il l'opéra avec une perte énorme, en traversant Montereau au milieu du feu qui partait de toutes les maisons et qui pava les rues de cadavres entassés : on le poursuivit sur la rive gauche. Les maréchaux Macdonald et Oudinot furent laissés sur la droite pour la nettoyer.

L'ennemi, par ces manœuvres, avait presque perdu tout le terrain qu'il avait gagné depuis Brienne, et reculait aussi rapidement qu'il avait avancé. Ces avantages avaient relevé les espérances de Napoléon, et l'on prétend qu'il déchira en ce moment des conditions de paix que lui transmettait son ministre aux conférences de Châtillon, en s'écriant: *Je suis à présent plus près de Vienne qu'ils ne le sont de Paris.* On sait que, vers cette époque, on lui proposait la France avec à peu près ses anciennes limites; qu'un conseil de régence extraordinaire et secret, appelé à délibérer sur ces conditions, fut d'avis de les accepter à la presqu'unanimité; que Napoléon, décidé à soutenir les prétentions de son ambition personnelle, en fut irrité, qu'enfin, avant de se résoudre à cette paix, il voulut tenter si le sort des armes lui serait plus favorable que les délibérations du conseil. Sa fortune le trahit en le caressant: il perdit tout, pour avoir cru qu'il avait tout gagné.

Cependant le prince de Schwarzenberg montra l'intention de faire rapprocher le maréchal Blücher de la Seine. Lui-même y tenait encore la position de Troyes. Napoléon

poléon s'y porta le 24. Il y eut en avant de belles charges de cavalerie : cependant il ne put que gagner les faubourgs, et fut repoussé de la ville même que l'ennemi lui abandonna le 25 au matin. Napoléon avait consenti à cette évacuation pour obtenir que la ville ne fût pas brûlée.

Par l'effet des mouvemens de concentration, Blücher, dont l'armée s'était renforcée des corps de Bulow, Winzingerode, Woronzof et autres, avait marché sur la Seine, par Méry qui fut brûlé. On présume qu'il voulait se joindre à la grande armée pour livrer une bataille générale ; mais tout à coup il se porta en arrière sur Sésanne, où, le 24, il attaquait le maréchal Marmont. Napoléon, occupé à suivre les Autrichiens, divisa ses forces pour en opposer une partie à l'armée de Silésie qui inquiétait ses derrières, tandis que les maréchaux Victor, Oudinot et Macdonald continuaient de se porter en avant sur les routes de l'Aube et de la Seine. Le maréchal Oudinot entra de vive force dans Bar-sur-Aube, où le général Wittgenstein fut blessé. Le maréchal Macdonald se porta à Bar-sur-Seine et ensuite sur la Ferté.

Les ennemis, favorisés par un tems constamment sec, firent leur retraite. Ils se rallièrent et se remirent en ligne le long de l'Aube, où ils reçurent des renforts, et le 27 février ils reprirent l'offensive et repoussèrent les Français au-delà de Bar-sur-Aube.

Nous évacuâmes cette ville, et en retirâmes plus de trois mille blessés. Du 28 février au 2 mars, nous perdîmes Bar-sur-Seine, après la défaite du maréchal Macdonald à la Ferté. Le prince de Wurtemberg se reporta vers Sens, et l'ennemi put détacher des renforts au général Bubna, contre lequel le maréchal Augereau, après avoir reçu à Lyon un beau corps de seize mille hommes tirés de l'armée d'Espagne, avait pris l'offensive.

Le 4 de mars, nous fûmes forcés à évacuer Troyes avec perte de trois mille prisonniers et de 10 canons, dans une affaire qui eut lieu au pont de la Guillotière. En nous retirant, nous fîmes sauter le pont de Pont-Hubert, et Napoléon abandonna encore une fois les opérations de la Seine pour se porter sur la Marne, d'où Blücher menaçait de nouveau la ville de Meaux et la route de Paris.

La division Marmont, en retraite depuis Sésanne, avait joint, le 26 février, le maréchal Mortier à la Ferté-sous-Jouarre. Bonaparte y était rendu le 1er mars. Le général Bulow, qui occupait Laon, s'était emparé de Lafère le 26 février : il y trouva des magasins d'artillerie et d'équipages. Le 2 mars, il se rencontra avec le général Winzingerode devant Soissons où nous étions rentrés, et que défendaient environ mille quatre cents Polonais. L'ennemi n'osa pas risquer un coup de main. Il entama une négociation, et fut assez heureux pour persuader au commandant de rendre la ville. Cet événement eut, dans les circonstances, les conséquences les plus décisives. Blücher avait passé sur la rive droite de la Marne à l'approche des forces que ralliait Napoléon, et tenait les siennes concentrées pour rester maître de ses mouvemens. Son plan d'opération, plutôt que les pertes qu'il éprouva sur l'Ourcq, à Lysi et à May, avait déterminé sa retraite sur Soissons : cependant les maréchaux Marmont et Mortier poussèrent vivement son arrière-garde le 3, à Neuilly-St.-Front. D'un autre côté un corps français détaché sur Reims, y entrait le 5, et coupait les communications entre l'armée de Silésie et celle du prince de Schwarzenberg. Dans cette circonstance, Blücher, maître du passage de Soissons, prit une belle position à Craonne, entre Soissons et Laon, faisant occuper cette dernière ville par le général Bulow, pour assurer ses derrières ainsi que ses communications avec la Belgique.

Le 7 mars, Napoléon le força dans ses positions. L'artillerie joua de part et d'autre d'une manière terrible. Des deux côtés les pertes furent grandes et passèrent cinq ou six mille hommes. Du nôtre, les maréchaux Ney et Victor se battirent avec la plus rare intrépidité. Le dernier fut grièvement blessé, ainsi que les généraux Grouchy et

Laferrière. Le 8, toute l'armée de Blücher fut concentrée devant Laon, où il avait résolu de nous attendre et d'accepter un combat décisif.

Laon est assis sur une crête élevée, couverte en avant par des hauteurs détachées qui lui servent comme de ceinture. La difficulté de franchir sous le feu de l'ennemi cette succession d'escarpemens et de vallées, fit condamner par les généraux comme impossible, ou du moins extrêmement dangereux, tout projet d'attaque de front. Mais Napoléon, accoutumé à se lancer avec une impétuosité aveugle contre les obstacles, engagea une affaire qui fut entièrement à son désavantage.

L'on apprit donc qu'après que l'ennemi eut été encore débusqué des belles hauteurs qu'il gardait à Corbeny, Napoléon avait poussé, le 9, le corps du maréchal Marmont contre la gauche des alliés. L'action fut opiniâtre et sanglante; nos troupes tinrent toute la journée sans laisser prendre d'avantage contre elles; mais enfin elles furent obligés de se replier. Elles perdirent dans des chemins affreux toute leur artillerie. A la lueur des flammes qui dévoraient le village d'Atys, elles se retirèrent pendant la nuit sur Corbeny. Napoléon, cependant, persistait dans son dessein d'emporter Laon, et le 10 il fit attaquer l'ennemi au centre et à sa droite avec une nouvelle vigueur. Les troupes franchirent les premières hauteurs et attaquèrent la dernière, où trouvant une résistance insurmontable, elles furent forcées à se retirer en désordre. La confusion fut extrême, et présentait le spectacle le plus affligeant. La cavalerie de sa garde, rassemblée en bon ordre, couvrit cette retraite, ou plutôt cette déroute ; et l'armée se rallia sur l'Aisne.

Sur ces entrefaites, le comte de Saint-Priest s'était avancé avec environ seize mille hommes de Châlons sur Reims, où il força, le 12 mars, le général Corbineau. Napoléon y courut le lendemain, et attaqua avec des forces supérieures l'ennemi qui osa soutenir et perdit ce combat inégal. Nos avantages furent la conquête de vingt-deux canons et quelques milliers de prisonniers. Le général Saint-Priest y fut grièvement blessé.

A la suite de ce succès l'on détacha un petit corps sur Epernay, pour en déloger l'ennemi qui y tenait position avec cinq mille hommes, depuis le 11 février. Ce corps se mit en retraite sur Vertus pour se rallier à Blücher, et fit sauter le pont, mais incomplètement. On avait forcé des ouvriers à achever la démolition. Ceux-ci n'y travaillèrent qu'à demi, et s'enfuirent dès que nos tirailleurs approchèrent. Épernay reçut le 17, avec transport, Napoléon à la tête de 40 mille hommes de sa garde.

Les événemens de la Marne avaient laissé toute liberté à l'armée austro-russe qui manœuvrait sur la Seine. Le 16 mars, la division Wittgenstein avait pénétré jusqu'à Provins, que couvrirent les maréchaux Macdonald et Oudinot : il y eut un fort engagement d'artillerie. Maître d'Epernay et de Châlons, où le maréchal Ney était entré le 16, Napoléon se détermina encore une fois à se porter sur l'Aube, pour essayer de tourner le prince de Schwarzenberg, et il arriva à Arcis-sur-Aube le 20 au matin.

L'ennemi, après avoir cédé Arcis-sur-Aube, engagea, le 21, des combats partiels qui semblaient nous inviter à nous déployer devant des forces en apparence peu considérables. Dans ces affaires qui se renouvelèrent trois jours de suite, la garde impériale y fit des pertes sensibles. Napoléon lui-même eut un cheval blessé sous lui.

Nous cédâmes enfin à une attaque générale, et nous nous mimes en retraite sur Vitry, après avoir laissé dans Arcis une grande quantité de morts et de blessés, et une arrière-garde qui défendit la ville avec la plus grande valeur. Napoléon y courut le plus grand danger d'être pris. Dans une charge de cavalerie, il fut serré de si près qu'il fut obligé, avec tout ce qui l'entourait, de mettre l'épée à la main et de payer de sa personne pour se dégager. Le 23, toute l'armée de Schwarzenberg passa l'Aube et marcha sur Vitry et Châlons.

Ce fut alors que Napoléon, qui l'y avait précédé, se rejeta rapidement par Doulevent et Bar-sur-Aube sur les derrières de la grande armée austro-russe, et poussa jusqu'à Chaumont et Langres des corps détachés qui enlevèrent des bagages et des prisonniers. Mais les généraux alliés, qui avaient intercepté, le 23, ses courriers, continuèrent d'exécuter leur plan de jonction.

Blücher, de nouveau maître de Châlons-sur-Marne, où le maréchal Marmont n'avait pu tenir, s'était porté à la rencontre du prince de Schwarzenberg. Bientôt les deux armées réunies, en coupant à Napoléon la route de Paris, le mirent, et elles avec lui, dans une position qui devait décider du sort des deux partis.

Tout alors sembla préluder au dénouement de cette grande crise. On savait que Bordeaux était occupé par les Anglais; le général Augereau avait abandonné Lyon aux Autrichiens. A l'autre extrémité de la

France, le prince de Suède resserrait les garnisons des places fortes.

Dans cet état de choses, Napoléon revint à Saint-Dizier contre les corps de Winzingerode, qu'il se fatiguait à poursuivre inutilement.

Il ne restait donc plus entre la grande armée alliée et Paris, que les deux divisions des maréchaux Marmont et Mortier, fortes d'environ 33,000 hommes. Elles marchaient alors des Vertus sur Vitry, et tombèrent inopinément au milieu des ennemis qu'ils croyaient occupés et contenus par Napoléon.

Le 24, ces généraux s'étaient mis en position à la naissance de deux ruisseaux qui forment la rivière de Soudé, persuadés qu'on ne pouvait rencontrer d'autre armée que celle de Napoléon. Dans cette persuasion, on négligea d'occuper quelques hauteurs, et le lendemain 25, on se trouva en face de l'ennemi ; ce qui amena le funeste combat de Fère-Champenoise. Nos troupes, quoique surprises, combattirent avec un courage héroïque. Quatre fois elles essayèrent de se former sous son feu, et de prendre une position qui pût l'arrêter; quatre fois elles furent entraînées par les forces qui fondaient sur elles, et qui les obligeaient de rétrograder jusqu'à Sézanne. Notre perte fut considérable.

Après la bataille de Fère-Champenoise, les alliés, marchèrent en cinq colonnes sur Paris; on fit circuler le bruit qu'une *colonne égarée* se portait vers Meaux, mais qu'il n'y avait rien à craindre. Cependant, le 29, on vit avec terreur partir l'Impératrice et son fils. Des trésors et de nombreux bagages filaient sur les routes de la Loire; les ministres faisaient évacuer leurs bureaux, qu'ils allaient bientôt suivre. Joseph Bonaparte promit, il est vrai, de rester avec nous; mais il crut à propos de s'échapper de la France, comme il s'était échappé de l'Espagne; ne voulant pas être en présence de 200,000 hommes qui s'avançaient sur la capitale.

Les alliés avaient passé la Marne, le 28

et le 29, à Triport et à Meaux, sans presque trouver de résistance, si ce n'est à Claye, où le 28 au soir, le maréchal Mortier fit occuper la forêt, et repoussa vigoureusement les attaques du général Yorck. Les corps de Wrède et de Sacken restèrent en position à Meaux, et le 30 au matin, toutes les dispositions étaient faites pour livrer la *bataille de Paris*.

Paris avait pour défenseurs quelques mille hommes de garnison, les corps passés en revue le 27 par Joseph, et évalués à environ quinze mille hommes, trente mille hommes de garde nationale armés, mais sur lesquels huit à dix mille au plus avaient des armes parfaitement en état de service, et les restes des corps repliés devant l'ennemi. Avec ces forces on put mettre de vingt-six à vingt-huit mille hommes en bataille. Ils occupaient sur la droite les hauteurs de Belleville, Ménilmontant et la Butte-Saint-Chaumont, et auraient dû s'appuyer à Vincennes; mais faute de monde, cette partie de l'enceinte de Paris n'était pas suffisamment couverte.

Leur centre était sur le canal de l'Ourcq; le mamelon de Montmartre qui, s'il eût été fortifié et garni d'artillerie, eût donné un point de défense extrêmement respectable, formait la tête de la gauche, dont l'extrême poste était à Neuilly, où cinquante hommes de la vieille garde gardaient le pont avec une pièce de canon. Dans la soirée du 29, on retira tout ce qui restait de troupes de ligne aux postes de la rive gauche de la Seine, pour les porter du côté où se présentait l'ennemi.

Entre trois et quatre heures du matin, le rappel des tambours tira de leur sommeil les Parisiens. La garde nationale, quoique irritée du départ de l'Impératrice, et indignée de la lâcheté avec laquelle fuyaient tous les membres du gouvernement, emportant leurs richesses et osant recommander encore aux habitans de se bien battre pour la défense de leurs palais; la garde nationale, répétons-nous, se rendit à ses postes avec célérité. Une très-grande quantité de citoyens, non encore armés, surtout une multitude d'ouvriers, se présentèrent aux postes de réunion, coururent jusqu'aux barrières, demandant partout des armes et n'en trouvant nulle part. On fit attendre un de ces rassemblemens sur la place Vendôme, depuis cinq heures jusqu'à neuf, et alors seulement on vint offrir des *piques* aux gens de bonne volonté, pour aller au feu. Presque tous se retirèrent en criant avec raison à la trahison : enfin, Paris se montra tout disposé à se bien défendre ; mais tout se passa dans Paris comme si l'on n'avait pas voulu qu'il fût défendu.

Le feu de l'artillerie se fit entendre entre cinq et six heures du matin. On commença par débusquer de Romainville quelques troupes que l'ennemi y avait fait avancer pendant la nuit. La canonnade était soutenue, et bientôt le feu de l'infanterie roula et s'entretint avec une grande vivacité. Nos plus grandes forces étaient jetées sur le point de Belleville. Ce fut aussi là que se porta la chaleur de l'attaque et la plus opiniâtre résistance. Le prince royal de Wurtemberg, avait été dirigé sur Vincennes, où son corps n'arriva que ſort tard et après la cessation de l'action. Le général Rajewski, commandant le corps d'armée de Wittgenstein, conduisait les attaques sur Belleville; les gardes et les réserves étaient placées sur la grande route de Bondi, en face du canal où nous avions partie de notre centre; le maréchal Blücher devait se porter par Saint-Denis sur Montmartre, et occuper notre gauche, où il n'y eut presque que des engagemens de tirailleurs.

Les compagnies de la garde nationale qu'on avait tirées hors des barrières, étaient placées en seconde ligne pour présenter à l'ennemi l'apparence de colonnes plus ſortes qu'elles ne l'étaient en effet. D'ailleurs la plus grande partie de cette garde fut laissée aux barricades pour repousser les troupes légères qui auraient pu se glisser entre les masses, et venir insulter les faubourgs.

On peut dire, en général, que tout ce qui fut porté de la garde nationale au dehors, y montra beaucoup de résolution et de fermeté, ne refusa aucun service, et fournit aux principales attaques un très-grand nombre de tirailleurs qui firent beaucoup de mal à l'ennemi ; qu'enfin elle laissa pour sa part environ deux cents hommes tués sur le champ de bataille, sans parler d'un assez bon nombre de blessés. Ce furent la 8e, la 10e, la 11e légion, et un détachement de la 2e qui fournirent le plus de monde aux postes extérieurs, et virent l'ennemi de plus près.

Les positions de Pantin, Belleville, Romainville et de la Butte Saint-Chaumont, où l'action s'était engagée, avaient été successivement enlevées dans la matinée même ; Pantin nous avait été pris à la baïonnette.

Cependant chaque avantage n'était obtenu qu'après une vigoureuse résistance, et notre artillerie, principalement servie par des Polonais, ainsi que par des élèves de l'Ecole polytechnique, qui n'avaient que quelques semaines d'exercice et montraient partout l'enthousiasme du courage, jonchait de morts et de blessés les approches des positions. L'ennemi fut maître des hauteurs vers le milieu de la journée.

Du côté de Vincennes, un régiment de cosaques réguliers, fit mine, vers une heure, de vouloir insulter le faubourg Saint-Antoine. Le ministre de la police y était venu en personne vers midi répandre la nouvelle de l'approche de l'armée impériale. Les esprits extrêmement échauffés étaient disposés à opposer la plus opiniâtre résistance à l'ennemi. On fit sortir vingt-huit canons pour aller à sa rencontre; mais les dispositions étaient si mal prises que toute cette artillerie aurait été sa proie, sans le courage avec lequel trois ou quatre cents hommes de la 8e légion se portèrent en avant pour la reprendre ou protéger sa rentrée. Ce fut là que des élèves de l'école polytechnique, restés un instant sans soutien avec leurs pièces, les défendirent avec une remarquable intrépidité. Un détachement de cuirassiers vint à propos à leurs secours; l'ennemi cependant emmena neuf canons, qu'on le força le lendemain d'abandonner lorsqu'il voulut leur faire traverser le faubourg. Sur le soir, une colonne fila vers Charenton. Quelques troupes et les élèves de l'école vétérinaire, défendirent le pont avec résolution ; et il y eut là 150 jeunes gens de tués : mais les forces supérieures de l'ennemi ne permettant pas plus de résistance, on mit le feu aux fougasses préparées pour le faire sauter. La communication des mêches avec le puits se trouva interrompue. L'ennemi passa et se répandit sur la droite de la Seine, vis-à-vis le Port-à-l'Anglais, où il ne trouva pas de moyen de traverser le fleuve. Les nouvelles de l'armistice vinrent arrêter ces mouvemens.

L'attaque de Montmartre et du centre avait été confiée au maréchal Blücher. Il ne se mit en mouvement qu'à onze heures. Dès sept heures du matin la 10e légion s'était rendue au pas de charge sur Montmartre, où elle devait appuyer un régiment de conscrits habillés et armés de la veille. Dans la matinée elle avait fait de fortes reconnaissances vers Clichy, et envoyé 50 hommes en tirailleurs. A deux heures, un détachement de la même légion, un autre de la 11e et celui de la 2e occupèrent la hauteur; et bientôt après ce qui était en reconnaissance dans la plaine fut obligé de se replier en arrière du mamelon.

Malgré les avantages de la grande armée du côté de Pantin, nous occupions encore à notre centre la ferme du Rouvroy en avant du canal. Cette position était fortifiée par dix-huit pièces en batterie. L'ennemi fit reculer notre infanterie de Rouvroy; mais l'artillerie le contint jusqu'à ce qu'il eut fait approcher la sienne : ce qui n'eut lieu qu'à trois heures.

On opposait aussi avec succès à la Villette notre artillerie à une attaque des réserves des grenadiers et des gardes de la grande armée, soutenus par six bataillons. Mais les corps d'Yorck et de Kleist étant venus prendre part à l'affaire, et enfilant nos batteries, nous nous concentrâmes à la Villette, d'où nous essayâmes une charge de cavalerie, soutenue par de l'artillerie et de l'infanterie. La cavalerie des alliés vint nous charger à son tour, et pénétra dans la Villette. Quatre bataillons de la réserve de Woronsoff y entrèrent en même tems au pas de charge. Nous fûmes chassés et perdîmes notre artillerie. En général notre cavalerie fut peu employée dans cette affaire. L'ennemi, de son côté, n'avait plus d'obstacles jusqu'aux murs de Paris; et il y marchait, lorsque des parlementaires, envoyés par le corps municipal, annoncèrent à ses avant-postes que la ville demandait à capituler. Il y eut une suspension d'armes pour dresser les articles de la capitulation.

Cependant les corps d'Yorck et de Kleist s'étaient tournés contre la Chapelle, qu'ils emportaient avant d'avoir pu être instruits de l'armistice. M. de Langeron, qui attaquait Montmartre sur un point plus éloigné, n'en avait point non plus connaissance. Il entretenait contre ce poste, depuis trois heures, un feu dont le détachement de la 11e légion souffrit le plus, et auquel nous ne répondions qu'avec les deux canons placés sur la hauteur; les munitions des quatre autres pièces ne s'étant pas trouvé propres à leur calibre (1).

Néanmoins quatre cents hommes de la vieille garde placés en tirailleurs, contenaient ses troupes légères; mais ces braves, attaqués par deux régimens de cavalerie, et forcés de se former en carré pour les recevoir, après en avoir soutenu et repoussé deux charges, furent dispersés à la troisième, et l'ennemi s'élança sur la montagne. La garde nationale qui en occupait le sommet, résista encore quelques instans et repoussa la première charge. Voyant cependant des forces supérieures accourir de tous côtés, elle rentra dans Paris vers six heures avec ce qui restait de troupes, ramenant deux canons après avoir encloué les quatre autres.

Le pont de Neuilly était gardé par un poste de cinquante grenadiers de la garde;

(1) A qui la faute, demandera-t-on? on peut répondre, à quelques-uns de ces bons Français, qui ont conspiré, et conspirent encore en ce moment contre leur patrie.

ils étaient presque tous estropiés. A deux heures ils avaient été attaqués par deux mille hommes et quatre canons. Sommés plusieurs fois de se rendre, ils répondirent toujours que les Russes devaient savoir que la vieille garde, même en nombre inférieur, n'avaient jamais blanchi devant eux ; et ils conservèrent le pont, qui ne fut abandonné que le lendemain matin.

Mais enfin la connaissance de l'armistice arrêta de toutes parts les mouvemens de l'ennemi, et la capitulation suivante lui ouvrit pour le lendemain les portes de Paris.

CAPITULATION

DE LA VILLE DE PARIS.

L'armistice de quatre heures, dont on est convenu pour traiter des conditions de l'occupation de la ville de Paris, et de la retraite des corps français qui s'y trouvaient, ayant conduit à un arrangement à cet égard, les soussignés, dûment autorisés par les commandans respectifs des forces opposées, ont arrêté et signé les articles suivans :

Art. Ier. Les corps des maréchaux ducs de Trévise et Raguse évacueront la ville de Paris le 31 (19) mars, à 7 heures du matin.

II. Ils emmèneront avec eux l'attirail de leurs corps d'armée.

III. Les hostilités ne pourront recommencer que deux heures après l'évacuation de la ville, c'est-à-dire le 31 (19) mars, à neuf heures du matin.

IV. Tous les arsenaux, ateliers, établissemens et magasins militaires seront laissés dans le même état où ils se trouvaient avant qu'il fût question de la présente capitulation.

V. La garde nationale ou urbaine est totalement séparée des troupes de lignes; elle sera conservée, désarmée ou licenciée, selon les dispositions des puissances alliées.

VI. Les corps de la gendarmerie municipale partagera entièrement le sort de la garde nationale.

VII. Les blessés et maraudeurs, restés après sept heures à Paris, seront prisonniers de guerre.

VIII. La ville de Paris est recommandée à la générosité des hautes-puissances alliées.

Fait à Paris, le 31 (19) mars 1814, à deux heures du matin.

Signé le colonel *Orloff*, aide-de-camp de S. M. l'empereur de toutes les Russies ;

Le colonel comte *Paar*, aide-de-camp général de S. A. le maréchal prince de Schwarzenberg ;

Le colonel baron *Fabrier*, attaché à l'état-major de S. Exc. le maréchal duc de Raguse ;

Le colonel *Denys*, premier aide-de-camp de S. Exc. le maréchal duc de Raguse.

On croit que la journée du 30 mars coûta environ 3,000 hommes aux Français, et 8,000 aux alliés.

Les troupes françaises, forcés le 30 mars dans leur position en avant de Paris, commencèrent dans la soirée même leur mouvement d'évacuation et de retraite. Une grande partie prit la direction de la

barrière

barrière d'Enfer, et des routes environnantes. Elles étaient tristes et non découragées.

Cependant Napoléon s'était avancé jusqu'auprès de Paris, au moment où ses troupes en sortaient. Il apprit à minuit, vers Villejuif, ce qui s'était passé. Voyant qu'il n'avait plus rien à espérer de ce côté, il retourna sur ses pas pour rallier l'armée qui le suivait, et tous les corps qu'il pourrait rassembler.

Les alliés, de leur côté, se préparaient à se porter sur la route de Fontainebleau. Napoléon rassemblait sur ce point tous ses débris.

Pendant ce tems, les murs de la capitale étaient couverts de la déclaration solennelle par laquelle l'empereur Alexandre reconnaissait aux Français au nom des alliés, le droit de se donner un gouvernement, et s'engageait en même tems à ne point traiter avec Napoléon ni avec sa famille.

Les vœux pour le rappel des Bourbons s'étaient manifestés dès le 31 mars. Le

Sénat dont les membres, en très-grande majorité, n'avaient point quitté Paris, prononça, le 2 avril, la déchéance de Napoléon Bonaparte, et le 6 avril, le rappel au trône, au nom de la nation française, de la dynastie des Bourbons.

On se hâta de faire parvenir à Fontainebleau l'acte de la déchéance. Bonaparte y disposait les troupes à mesure qu'elles arrivaient, à marcher sur Paris.

Cependant les maréchaux témoins de cette scène étaient loin de partager cette ardeur irréfléchie ; ils lui représentèrent que tout était perdu ; que quand les troupes encore en marche seraient arrivées, il n'y aurait pas plus de cinquante-six mille hommes en état de combattre ; qu'on avait à peine pour deux jours de munitions. Le résultat de cette situation, le seul parti à prendre pour sauver quelques débris d'un si grand naufrage était d'abdiquer en faveur du roi de Rome. Napoléon réfléchit en silence, et dicta l'acte de son abdication conditionnelle. Le lendemain la nouvelle de la déchéance fut répandue dans Fontainebleau.

Le maréchal Marmont, en traitant de la soumission du sixième corps au nouveau gouvernement, qui lui offre le caractère d'une autorité nationale, stipule avec les alliés, par une convention des 3 et 4 avril, que si les événemens ultérieurs de la guerre leur livrent la personne de Napoléon, sa vie et sa liberté dans un lieu convenable lui seront dès-lors garanties. Les maréchaux Ney et Macdonald se chargent, avec le duc de Vicence, de traiter auprès de l'empereur Alexandre du sort de la dynastie de Napoléon; ils négocient avec chaleur; ils espèrent un instant le succès; et ce n'est que quand les plus hautes considérations ont rendu ce succès impossible, qu'ils se trouvent libres de donner une adhésion complète aux nouvelles lois qui vont régir la France, et déclarent que *pour éviter à la chère patrie les maux d'une guerre civile, il ne reste plus aux Français qu'à embrasser entièrement la cause de leurs anciens rois.* (Lettre du maréchal Ney, du 5 avril.) Ces dernières circonstances furent bientôt suivies de la renonciation de Napoléon à l'empire de France et de l'acceptation de l'île d'Elbe pour séjour et possession à titre de souveraineté.

Cependant, avant de donner son abdication, Napoléon avait entamé, de Fontainebleau où il s'était retiré, avec les puissances alliées à Paris, une négociation ayant pour but de faire fixer et garantir par ces puissances son sort futur et celui de sa famillle, ainsi que son rang et son titre à la possession de l'île d'Elbe. Les plénipotentiaires respectifs furent, pour les alliés, M. le comte de Nesselrode; et pour Napoléon, MM. de Caulincourt, le maréchal Ney et le maréchal Macdonald. Ils conclurent le traité suivant :

Traité conclu à Paris, le 11 avril, entre l'Empereur Napoléon et LL. MM. I. et R. les Empereurs de Russie et d'Autriche, et le Roi de Prusse.

Art. Ier. S. M. l'Empereur Napoléon renonce pour lui et ses successeurs et descendans, ainsi que pour chacun des membres de sa famille, à tout droit de souveraineté et de domination, tant sur l'empire Français et le royaume d'Italie que sur tout autre pays.

2. LL. MM. l'Empereur Napoléon et l'Impératrice Marie-Louise, conservent ces titres et qualités pour en jouir leur vie durant; la mère, les frères, sœurs neveux et nièces de l'Empereur, conserveront également, partout où ils se trouveront, le titre de princes de sa famille.

3. L'île d'Elbe, adoptée par l'Empereur Napoléon pour le lieu de son séjour, formera, sa vie durant, une principauté séparée, qui sera possédée par lui en toute souveraineté et propriété. Il sera donné en outre, en toute propriété, à l'Empereur Napoléon, un revenu annuel de deux millions de francs en rentes sur le grand-livre de France, dont un million reversible à l'Impératrice.

4. Toutes les puissances s'engagent à employer leurs bons offices pour faire respecter par les Barbaresques le pavillon et

le territoire de l'île d'Elbe, et pour que dans ses rapports avec les Barbaresques elle soit assimilée à la France.

5° Les duchés de Parme, Plaisance et Guastalla, seront donnés en toute propriété et souveraineté à S. M. l'impératrice Marie-Louise; ils passeront à son fils et à sa descendance en ligne directe. Le prince son fils prendra dès ce moment le nom de prince de Parme, Plaisance et Guastalla.

6° Il sera réservé dans les pays auxquels l'Empereur Napoléon renonce, pour lui et sa famille, des domaines, ou donné des rentes sur le grand-livre de France, produisant un revenu annuel net, et déduction faite de toute charge, de 2,500,000 francs. Ces domaines ou rentes appartiendront en toute propriété, et pour en disposer comme bon leur semblera, aux princes et princesses de sa famille, et seront répartis entre eux de manière à ce que le revenu de chacun soit dans la proportion suivante, savoir : à Mme Mère, 300,000 francs. — Au roi Joseph et à la reine,

500,000 francs. — Au roi Louis 200,000 fr. — A la reine Hortense et à son enfant, 400,000 francs. — Au roi Jérôme et à la reine, 500,000 francs. — A la princesse Elisa, 300,000 francs. — A la princesse Pauline, 300,000 francs. Les princes et princesses de la famille de l'Empereur conserveront en outre tous les biens, meubles et immeubles, de quelque nature que ce soit, qu'ils possèdent à titre particulier, et notamment les rentes dont ils jouissent également comme particuliers sur le grand-livre de France ou le mont-Napoléon de Milan.

7° Le traitement annuel de l'Impératrice Joséphine sera réduit à un million en domaines ou en inscriptions sur le grand-livre de France. Elle continuera à jouir, en toute propriété, de ses biens, meubles et immeubles particuliers, et pourra en jouir conformément aux lois françaises.

8° Il sera donné au prince Eugène, vice-roi d'Italie, un établissement convenable hors de France.

9° Les propriétés que S. M. l'Empereur

Napoléon possède en France, soit comme domaine extraordinaire, soit comme domaine privé, resteront à la couronne. Sur les fonds placés par l'Empereur Napoléon, soit sur le grand-livre, soit sur la banque de France, soit sur les actions des forêts, soit de tout autre manière, et dont S. M. fait l'abandon à la couronne, il sera réservé un capital qui n'excédera pas 2 millions, pour être employé en gratifications en faveur des personnes qui seront portées sur l'état que signera l'Empereur Napoléon, et qui sera remis au gouvernement Français.

10. Tous les diamans de la couronne resteront à la France.

11. L'Empereur Napoléon fera versemens au trésor et aux autres caisses publiques de toutes les sommes et effets qui auraient été déplacés par ses ordres, à l'exception de la liste civile.

12. Les dettes de la maison de S. M. l'Empereur Napoléon, telles qu'elles se trouveront après la signature du présent traité, seront immédiatement acquittées

sur les arrérages dus par le trésor public à la liste civile, d'après les états qui seront signés par un commissaire nommé à cet effet.

13. Les obligations du Mont-Napoléon à Milan envers tous ses créanciers, soit Français, soit étrangers, seront exactement remplies, sans qu'il soit fait aucun changement à cet égard.

14. On donnera tous les saufs-conduits nécessaires pour le libre voyage de S. M. l'Empereur Napoléon, de l'Impératrice, des princes et princesses, et de toutes personnes de leur suite qui voudront les accompagner ou s'établir hors de France, ainsi que pour le passage de tous les équipages, chevaux et effets qui leur appartiennent : les puissances alliées donneront en conséquence des officiers et des hommes d'escorte.

15. La garde impériale française fournira un détachement de 12 à 1,500 hommes de toutes armes, pour servir d'escorte jusqu'à S.-Tropez, lieu de l'embarquement.

16. Il sera fourni une corvette armée et les bâtimens nécessaires pour conduire au lieu de sa destination, S. M. l'Empereur Napoléon ainsi que sa maison; la corvette demeurera en toute propriété à S. M.

17. S. M. l'Empereur emmènera avec lui, et conservera pour sa garde, 400 hommes de bonne volonté, tant officiers que sous-officiers et soldats.

18. Tous les Français qui auront suivi S. M. l'Empereur Napoléon ou sa famille, seront tenus, s'il ne veulent pas perdre leur qualité de Français, de rentrer en France dans le terme de trois ans, à moins qu'ils ne soient compris dans les emplois que le gouvernement Français se réserve d'accorder après l'expiration de ce terme.

19. Les troupes polonaises de toutes armes, qui sont au service de France, auront la liberté de retourner chez elles, en conservant armes et bagages, comme un témoignage de leur service honorable; les officiers, sous-officiers et soldats, conserveront les décorations qui leur auront été

accordées, et les pensions affectées à ces décorations.

20. Les Hautes Puissances alliées garantissent l'exécution de tous les articles du présent traité; elles s'engagent à obtenir qu'ils soient adoptés et garantis par la France.

21. Le présent traité sera ratifié, etc.

Suivent les signatures.

Après la signature de ce traité, Napoléon partit pour son île, où il ne resta pas oisif. N'ayant pas renoncé à l'espoir de rentrer en France, et de ressaisir une couronne qu'il avait abdiquée, il entretenait une correspondance suivie avec les partisans qui lui étaient restés, tant en France qu'en Italie, pour lui préparer les voies à sa nouvelle usurpation.

Le moment d'exécuter son projet, arrivé, il débarqua à Cannes le 1er mars 1815 avec 800 hommes de sa garde qui l'avaient suivi à l'île d'Elbe.

Nous ne nous étendrons point sur sa

marche de Cannes à Paris ; il n'est point vrai que la population entière le reçut avec des transports de joie; ce paisible triomphe avait été celui de Louis XVIII et devait encore se renouveler ; mais il est constant que les militaires français travaillés par de perfides émissaires, oublièrent leurs sermens. Les partisans que Napoléon avait dans les administrations, et parmi les citoyens, se joignirent aux soldats.

Quoi qu'il en soit, après une marche de 20 jours, Napoléon, le 20 mars, se glissa dans le palais des Tuileries, que venait d'abandonner Louis XVIII.

Aussitôt qu'il y fut installé, il y rendit décrets sur décrets qui peuvent se réduire à ceci : tout ce qui a été fait depuis mon départ est annulé. Les deux chambres furent dissoutes. Elles avaient été instituées par suite de la Charte du roi, et un assez grand nombre de leurs membres avaient encouru la disgrâce de Bonaparte. Mais comme il fallut les remplacer, il convoqua les colléges électoraux, et voulut qu'ils se réunissent à Paris en assemblées extraordinaires du Champ-de-Mai.

Cependant la soumission des départemens s'opérait, par la raison que les soldats avaient trouvé dans la plupart de leurs chefs des hommes tout dévoués à Bonaparte.

Jetons maintenant un coup-d'œil sur le départ du roi, qui eut lieu le 19 mars; à minuit il nous laissa de touchans adieux et des promesses qui ne devaient pas être vaines. Il fut suivi une heure après par sa maison militaire, que commandaient Monsieur et Mgr. le duc de Berry. Lorsque S. M. fut arrivée à Abbeville, elle avait intention d'y attendre sa maison; mais le maréchal Macdonald lui démontra la nécessité d'aller plus loin. Le roi résolut de se renfermer dans Lille, et envoya l'ordre à sa maison de l'y rejoindre par Amiens.

Dès le 17, on avait appris la défection du maréchal Ney. Le 22, le roi entra dans Lille, à une heure après midi, et fut accueilli par les habitans avec le plus vif enthousiasme; mais le silence des troupes formait avec ces acclamations le plus nistre contraste, et faisait trop presser tir leur défection, déjà opérée au fond de leurs cœurs.

On reçut alors à Lille la déclaration d[es] puissances européennes, publiée à Vien[ne] le 13. Le roi la fit aussitôt afficher, ave[c] l'espoir qu'un acte si important opérera un heureux changement dans les dispos[i]tions des troupes. Son attente fut cruell[e]ment trompée.

Le 23, le maréchal Mortier annonça S. M. que la garnison toute entière me[]naçait de se soulever. Il supplia le roi d[e] partir pour éviter le plus affreux des mal[]heurs; ajoutant qu'il espérait imposer en[]core aux soldats, en conduisant le roi hor[s] des portes. Il n'osait s'en flatter, si le dé[]part était différé d'un instant.

Le roi ayant envoyé à sa maison l'ordre de se diriger sur Dunkerque, ordre qui par malheur ne parvint pas à sa destination, elle se dirigea sur Ostende. Il partit de Lille à trois heures, accompagné du maréchal Mortier, qui, arrivé au bas du glacis, se crut obligé de rentrer pour empêcher les désordres auxquels son absence eût pu entraîner la garnison. Le maréchal Macdonald ne quitta le roi qu'aux portes de Menin.

Un piquet de la garde nationale de Lille, un détachement de cuirassiers et de chasseurs, suivirent jusqu'à l'extrémité de la frontière leur prince, forcé de se soustraire aux attentats du crime triomphant. Quelques personnes de ces derniers corps, et plusieurs officiers, qui ne voulurent point abandonner leur monarque, furent récompensés de leur dévouement en rentrant peu de temps après avec lui sur le territoire de la patrie.

Une armée entière poursuivait le roi, et le général Excelmans en commandait l'avant-garde. Parmi les personnes qui accompagnaient le monarque, on distinguait le duc d'Orléans et le prince de Condé. *Monsieur* et le duc de Berry prirent leur route par Estaires, suivis des maréchaux Marmont et Victor, du général Lauriston, et d'une vingtaine d'autres officiers supérieurs. Le duc de Feltre était avec le roi. A peine notre souverain fut-il dans les Pays-Bas, qu'il fit connaître à tous ses sujets, par des proclamations et un récit officiel, le détail des événemens qui l'avaient forcé à une absence momentanée. Il sortait de France, mais il ne s'en éloignait pas : il se tint près de la frontière, et trouva dans une contrée voisine la plus touchante hospitalité. Vainement les papiers de Bonaparte annoncèrent-ils à diverses reprises, tantôt que le roi allait s'embarquer, tantôt même qu'il avait abdiqué. Tous ces bruits ne prouvaient que le désir de les voir réalisés et l'espoir de les accréditer ; mais le peuple n'y ajouta pas foi; les esprits commençaient à s'éclairer et à voir le véritable état des choses. Chaque jour les actes de Bonaparte étaient en contradiction avec ses promesses; chaque jour les événemens soulevaient le voile dont quelques yeux avaient aimé à se couvrir. Son silence alors à peu près absolu sur l'arrivée de l'impératrice annonçait à quoi l'on devait s'en tenir. Il avait hautement dit et fait dire que les Puissances ne s'armeraient pas; et on ne pouvait ignorer ni leurs préparatifs ni le dédain avec lequel elles avaient reçu ses propositions. Il nous avait garanti la paix, et il mettait toute l'armée sur le pied de guerre; il enlevait à la marine ses canons et ses matelots, il changeait en soldats par un seul décret, tous les Français en état de porter les armes; enfin il fortifiait à la hâte les places de guerre, et même les simples cités; et même ce Paris, encore effrayé du sang qui à peine depuis une année avait coulé sous ses murailles.

Le roi habitait à Gand, rue Deschamps, un hôtel appartenant à l'intendant du département, et il en occupait le rez-de-chaussée.

Jusqu'au 27 avril, le roi était sans garde, excepté un poste d'honneur des troupes composant la garnison, ou de la garde nationale de Gand, laquelle n'était pas habillée. Il n'y avait dans l'intérieur aucun service ordonné. Le 27 avril, vingt-quatre gardes du corps et des officiers furent désignés pour faire le service, et le firent jusqu'à Paris.

S. A. R. MONSIEUR était logé à Gand, à l'hôtel des *Pays-Bas*, sur la place d'armes, et était tantôt à Gand, tantôt à Alost ou à Bruxelles.

Toute la cavalerie de la maison et des corps que l'on formait, était cantonnée à Alost, petite ville située sur la route de Gand à Bruxelles. L'infanterie, composée de tous les officiers de la maison non montés, et des volontaires royaux, était cantonnée à Termonde, à trois lieues d'Alost, dans les terres. S. A. R. le duc de Berry habitait Alost, et venait tous les jours, soit en calèche, soit à cheval, dîner avec le roi.

MADAME vint passer trois jours entiers à Gand. Le deuxième elle vint à Alost, passer en revue la maison qui y était réunie à cet effet. Monsieur le prince de Condé, habitait Bruxelles.

Bonaparte avait proclamé « que son « retour n'avait pas coûté une seule goutte « de sang ». C'était sa phrase favorite et celle de ses agens. Il en tirait la conséquence que ce retour avait été généralement désiré. Toutefois on s'aperçut bientôt quels étaient les vrais sentimens des citoyens pris au dépourvu. Le duc d'Angoulême avait rallié assez de Français fidèles pour tenter le sort des combats, et s'il n'eût pas été trahi, s'il eût pu arriver dans la seconde ville du royaume, peut-être la chute de l'usurpateur eût-elle été accélérée par les seuls Français.

Le midi, l'ouest de la France firent voir dès-lors qu'ils ne balançaient pas entre les Bourbons et Bonaparte. Marseille conservait la couleur vraiment française. La duchesse d'Angoulême devient une héroïne, quand il s'agit de conserver au roi l'importante place de Bordeaux, où avait commencé le grand œuvre de la restauration. Forcée de céder à la nécessité, les regrets des Bordelais accompagnèrent son départ. La Vendée et la Bretagne donnent de nouveau le signal des combats pour la cause qu'elles ont déjà servie, et Bonaparte est attaqué, son pouvoir est méconnu dans le sein même de la France ; tandis que les forces de l'Europe entière s'apprêtent à marcher contre lui.

Bonaparte, s'étant donné parmi les anarchistes de chauds partisans, eut plus d'une fois à souffrir de leurs incartades. D'un autre côté, les republicains sincères, à qui l'on ne peut reprocher que d'errer dans leur manière de vouloir le bien, surveillaient attentivement ses démarches. Ils ne pouvaient raisonnablement penser que la liberté naquît de ses institutions ; et en ceci tous les partis étaient à peu près d'accord. L'*Acte additionel aux constitutions*, fit connaître avec plus de clarté que jamais, ce qu'on devait attendre de lui en dernier résultat.

Ce que Bonaparte appelait les *Constitutions* était un amas informe de décrets, émanés soit de lui, soit de son *sénat conservateur*. Dans l'addition qu'il y fit, un seul article était remarquable, celui qui excluait les Bourbons du trône de France, lors même que ce qu'il appelait la dynastie impériale serait éteinte.

Cependant la cour de Gand fixait les regards de la France et de l'Europe entière. Les ambassadeurs de toutes les puissances avaient quitté Paris, après le départ du roi, et c'était à Gand qu'ils avaient ensuite eu ordre de se rendre. Le roi de France était représenté au congrès, et son nom se trouvait réuni à celui des autres souverains, dans tous les actes par lesquels on faisait connaître à Bonaparte le sort qu'on lui préparait.

Les préparatifs militaires, les élections occupaient tous les esprits; Bonaparte envoyait dans les départemens des commissaires, avec des pouvoirs illimités, pour mettre les esprits, disait-on, à la hauteur des circonstances.

Il imagina aussi un moyen assez singulier d'accroître l'énergie de ses partisans; ce fut de former des *fédérations*. L'exemple donné en Bretagne, s'étendit dans un grand nombre de départemens.

Bonaparte, n'ignorant pas que s'il attendait, pour la cérémonie du Champ-de-Mars, le retour de l'impératrice, cette solemnité courait risque de n'être pas célébrée sitôt, prit un autre parti, en fixant au 1er juin cette réunion. Des discours et une distribution d'aigles en furent les parties principales. Il y eut un grand nombre de spectateurs assemblés pour voir partager le cortége : le concert, le feu d'artifice, les mâts de cocagne et les distributions de comestibles ne manquèrent pas non plus d'attirer la foule et de provoquer des *vive l'empereur!*

Alors commença l'ouverture de la session des deux chambres; session qui, pour avoir peu duré, n'en sera pas moins fameuse dans nos annales.

La Vendée avait déjà pris une attitude redoutable, et le sang coulait depuis plusieurs semaines dans les provinces occidentales, quand Bonaparte sentit la nécessité urgente de se rendre lui-même au nord, pour se mettre à la tête de son armée.

Bientôt les alliés, après avoir renouvellé les pactes qui les unissaient, venaient enfin de faire marcher vers les frontières de la France d'innombrables légions.

Les premières séances de la chambre des représentans, ne firent qu'accroître les inquiétudes ; et le ministre des affaires, Caulincourt, y mit le sceau, dans un rapport où il déclara officiellement, comme organe de Bonaparte, son maître, qu'aucune tentative de rapprochement n'avait pu avoir fait de succès.

Le 14 juin, Bonaparte fit, à Avesnes, une proclamation à son armée, dans laquelle on crut démêler ses inquiétudes.

Cependant le premier bulletin annonça un succès, la prise de Charleroi.

Non loin des champs de Fleurus, qui avaient vu triompher la valeur française, l'armée française ayant rencontré les Prussiens et les Anglais, sous les ordres du général Blücher et du duc de Wellington, remporta sur eux un grand avantage. Le combat avait eu lieu le 16 juin, et, le 17, le maréchal Soult, major-général de l'armée, annonça : « Que la ligne ennemie « avait été partagée, que Wellington et

« Blücher avaient eu de la peine à se sau-
« ver, et que cela avait été comme un
« effet de théâtre. »

Bonaparte avait ensuite détaché le général Grouchy avec environ quarante mille hommes contre l'armée prussienne, et lui-même en avait environ soixante-dix mille pour combattre les Anglais, Hanovriens, Belges et Hollandais, que commandait lord Wellington : bientôt on en vint aux mains.

L'affaire eut lieu près du village de Mont-Saint-Jean, en avant de Bruxelles. Après une canonnade épouvantable sur toute la ligne, Bonaparte dirigea ses principaux efforts sur le centre des alliés, et ses troupes montrèrent une ardeur extrême; mais cette ardeur même fut fatale à un corps de cavalerie qui chargea les Anglais, sans songer s'il était soutenu. La mitraille et la mousqueterie lui firent éprouver de très-grandes pertes. Cette cavalerie une fois engagée, il fallut en envoyer d'autre pour la seconder, et le général anglais s'attacha surtout, pendant presque toute la journée, à soutenir et repousser les attaques réitérées qu'ordonnait le chef de l'armée française. Peut-être, en conservant son terrain, lord Wellington n'eût-il pas remporté un avantage aussi décisif, si le corps prussien du général Bulow n'eût attaqué vers le soir le flanc droit de l'armée française. On se battait depuis le matin, et la nuit était presque venue, lorsque les Anglais, profitant du désordre que leurs alliés avaient déjà commencé à causer dans les rangs français, l'augmentèrent par une charge générale. Ce moment fut décisif. Une armée qui avait jusqu'alors donné les preuves de la plus rare intrépidité, se débanda entièrement. Bonaparte perdit la tête : il s'enfuit avec quelques officiers, et, par cette fuite impardonnable, fut cause que le désordre ne put plus être réparé. Dans cette situation cruelle, plusieurs corps de sa garde se signalèrent par un de ces actes de désespoir dont l'histoire n'offre que très-peu de preuves. Sous le feu de la mitraille anglaise, et quand leur perte était inévitable, ils furent invités à se rendre : on leur donna l'assurance que l'on aurait pour eux tous les égards que méritait leur valeur. « La garde impériale meurt et « ne se rend pas » : telle fut leur réponse, et bientôt on les vit tirer les uns contre les autres, afin de ne pas périr de la main des ennemis, et de hâter eux-mêmes l'instant d'une mort certaine ; tandis que, frappés de stupeur, les Anglais pouvaient croire à peine l'étrange spectacle qu'ils avaient sous les yeux.

Les parcs de réserve, les bagages qui n'avaient point repassé la Sambre, et tout ce qui était sur le champ de bataille restèrent au pouvoir de l'ennemi. Les alliés eurent environ dix mille hommes hors de combat, et la perte de l'armée française fut à peu près quintuple, en comptant les fuyards qui ne rejoignirent plus leurs corps.

A la suite de la bataille du Mont-Saint-Jean, ou de Waterloo, Bonaparte abandonnant son armée, comme après ses désastres de Moscou et de Leipsick, revint en fugitif à Paris, laissant ainsi sans général cette armée qui avait affronté pour lui les forces de l'Europe entière. L'indignation fut à son comble dans Paris.

Prévoyant que son rôle d'empereur était fini, Bonaparte fit une seconde abdication. « Ma vie politique est terminée, dit-« il; je proclame mon fils, sous le titre « de Napoléon II, empereur des Fran-« çais. »

A peine les chambres eurent-elles reçu la démission de Bonaparte et reconnu son fils, qu'elles se mirent à improviser une constitution nouvelle, au moment où l'ennemi, n'ayant plus d'obstacles à vaincre, s'avançait à grands pas sur la capitale.

Cependant les nouvelles de l'armée devenait de plus en plus inquiétantes. Le général Grouchy, complétement abandonné par son chef, avait fait sur Namur une trouée sans but, sans avantage probable; et tout ce que l'on pouvait attendre des talens des généraux et de la valeur des soldats de ce corps d'armée, c'était qu'il pût effectuer sa retraite sans être anéanti. Quant aux armées, dites de la Moselle et du Rhin, le désastre de l'armée principale découvrait leur flanc, et l'on pouvait à peine espérer qu'elles disputassent le terrain contre des forces dont la supériorité était hors de toute proportion.

Dans cet état des choses, on envoya des commissaires au quartier-général des puissances alliées, et on prit toutes les résolutions propres à démontrer aux Parisiens que leur ville devait se défendre jusqu'à la dernière extrémité. Des membres de la chambre des représentans furent envoyés au quartier-général du maréchal Davoust, prince d'Eckmülh, généralissime de l'armée. Ils le trouvèrent dans la bourgade de la Villette, qui touche au faubourg Saint-Martin. M. Garat déclara « qu'il avait monté à cheval ; que la dé-« fense de Paris, qui semblait impossi-« ble, était, selon lui, extrêmement « facile. »

Le parti de Bonaparte, toujours subsistant malgré l'abdication, n'hésita point à nous exposer aux horreurs d'une prise d'assaut. De nombreux corps de troupes, parmi lesquels était celui du général Vandamme, traversèrent dans tous les sens une ville immense, et menacée désormais sur ses points les plus vulnérables, c'est-à-dire du côté des faubourgs Saint-Germain et Saint-Jacques. On prit position dans la plaine de Montrouge ; car on s'apercevait que Wellington et Blücher n'avaient pas voulu attaquer de front les retranchemens de Montmartre et de Chaumont, mieux fortifiés que l'année précédente. Dans ces momens de la plus cruelle agitation, Bonaparte se mit enfin en voyage. L'ennemi était à nos portes, et peut-être des fureurs intestines allaient-elles mettre le comble à nos dangers ; mais la garde nationale, par un zèle au-dessus de tous les éloges, sut du moins écarter ces derniers malheurs. Les vociférations, les insultes même de quelques misérables, soudoyés par les complices du tyran, ne prévalurent point contre sa noble fermeté, et cette fois encore, Paris fut sauvé par elle.

On s'attendait chaque jour à une bataille générale : il n'y eut que des affaires partielles ; on se battit avec intrépidité, et les habitans des environs de Paris souffrirent beaucoup. Versailles fut occupé de vive force par les ennemis.

Tandis que les combats se livraient tout à l'entour de la capitale de la France, et que le canon et la fusillade se faisaient entendre depuis l'aube du jour jusqu'à la nuit, des négociations sérieuses avaient lieu. Les chefs de l'armée française sentaient enfin tout ce que sa position avait de critique ; ils songeaient aussi à préserver Paris des calamités d'un siége ; mais les alliés, profitant de tous leurs avantages, ne voulaient accéder à aucune trève si l'armée française ne se retirait au-delà de la Loire. Des fédérés des faubourgs s'étaient battus avec courage ; mais leurs efforts ne pouvaient amener aucun résultat avantageux. Enfin le 4 juillet, la commission du gouvernement adressa aux deux chambres un message contenant la *convention* signée la veille entre les officiers des armées res-

pectives. Si, par cet acte mémorable, Paris subissait la loi des vainqueurs, du moins il échappait à toutes les horreurs d'une prise de vive force. « En vain, disaient les mem-
« bres de la commission de gouvernement,
« nous avons essayé de lutter contre la
« tempête ; nos efforts ont été impuissans,
« nos moyens de défense étaient épuisés ;
« et malgré le courage héroïque de nos
« troupes, et le dévouement de la garde
« nationale de Paris, nous avons reconnu
« qu'il était impossible d'empêcher que les
« alliés ne pénétrassent dans Paris, soit
« de vive force, soit par la voie des né-
« gociations.

« Nous avons préféré ce dernier moyen,
« pour ne pas compromettre le sort de
« la capitale au hasard d'un dernier com-
« bat, *contre des forces majeures, prê-*
« *tes à recevoir de nouveaux renforts.* »

Voici le texte de cette convention :

Ce jourd'hui, 3 juillet 1815, les commissaires nommés par les commandans en chef des armées respectives, savoir :

M. le baron Bignon, chargé du portefeuille des affaires étrangères;

M. Le Comte, chef de l'état-major de l'armée française ;

M. le comte de Bondy, préfet du département de la Seine ;

Munis des pleins pouvoirs de S. Exc. le maréchal, prince d'Eckmülh, commandant en chef de l'armée française, d'une part :

Et M. le général major, baron de Mufſleing, muni des pleins pouvoirs de S. A. M. le maréchal prince Blücher ;

M. le comte Hervey, muni des pleins pouvoirs de S. Exc. le duc de Wellington, commandant en chef de l'armée anglaise, de l'autre part ;

Sont convenus des articles suivans :

Art. 1er. Il y aura une suspension d'armes entre les armées alliées commandées par son S. A. le prince Blücher, son Exc. le duc de Wellington, et l'armée française sous les murs de Paris ;

Art. 2. Demain l'armée française commencera à se mettre en marche pour se porter derrière la Loire. L'évacuation totale de Paris sera effectuée en trois jours, et son mouvement pour se porter derrière la Loire sera terminé en huit jours :

Art. 3. L'armée française emmènera avec elle tout son matériel, artillerie de campagne, convois militaires, chevaux et propriétés des régimens sans aucune exception. Il en sera de même pour le personnel des dépôts et pour le personnel des diverses branches d'administration qui appartiennent à l'armée ;

Art. 4. Les malades et les blessés, ainsi que les officiers de santé qu'il serait nécessaire de laisser près d'eux, sont sous la protection spéciale de MM. les commandans en chef des armées anglaise et prussienne ;

Art. 5. Les militaires et employés dont il est question dans l'article précédent, pourront, aussitôt après leur rétablissement, rejoindre le corps auquel ils appartiennent ;

Art. 6. Les femmes et les enfans de tous

les individus qui appartiennent à l'armée française auront la faculté de rester à Paris. Ces femmes pourront, sans difficultés, quitter Paris pour rejoindre l'armée, et emporter avec elles leur propriété et celle de leurs maris ;

Art. 7. Les officiers de ligne employés avec les fédérés ou les tirailleurs de la garde nationale, pourront, ou se réunir à l'armée, ou retourner dans leurs domiciles ; ou dans le lieu de leur naissance ;

Art. 8. Demain 4 juillet, à midi, on remettra S.-Denis, S.-Ouen, Clichy et Neuilly. Après demain 5 juillet, à la même heure, on remettra Montmartre. Le 3e jour, 6 juillet, toutes les barrières seront remises ;

Art. 9. Le service intérieur de Paris continuera à être fait par la garde nationale et par les corps de gendarmerie municipale ;

Art. 10. Les commissaires en chef des armées anglaise et prussienne, s'engagent à respecter, et à faire respecter par leurs subordonnés, les autorités actuelles, tant qu'elles existeront;

Art. 11. Les propriétés publiques, à l'exception de celles qui ont rapport à la guerre, soit qu'elles appartiennent au gouvernement, soit qu'elles dépendent de l'autorité municipale, seront respectées, et les puissances alliées n'interviendront en aucune manière dans leur administration ou dans leur gestion;

Art. 12. Seront pareillement respectées les personnes et les propriétés particulières; les habitans et en général tous les individus qui se trouvent dans la capitale continueront à jouir de leurs droits et libertés, sans pouvoir être inquiétés ni recherchés en rien, relativement aux fonctions qu'ils occupent ou auraient occupées, à leur conduite et à leurs opinions politiques.

Art. 13. Les troupes étrangères n'apporteront aucun obstacle à l'approvisionnement de la capitale, et protégeront, au contraire, l'arrivage et la libre circulation des objets qui lui sont destinés.

Art. 14. La présente convention sera observée, et servira de règle pour les rapports mutuels, jusqu'à la conclusion de la paix. En cas de rupture, elle sera dénoncée dans les formes usitées au moins dix jours à l'avance.

Art. 15. S'il survient des difficultés sur l'exécution de quelques-uns des articles de la présente convention, l'interprétation en sera faite en faveur de l'armée française et la ville de Paris.

Art. 19. La présente convention est déclarée commune à toutes les armées alliées, sauf la ratification des puissances dont ces armées dépendent.

Art. 17. Les ratifications seront échangées demain, 4 juillet, à six heures du matin, au pont de Neuilly.

Art. 18. Il sera nommé des commissaires par les parties respectives, pour veiller à l'exécution de la présente convention.

Fait et signé à S.-Cloud, en triple expédition

pédition, par les commissaires susnommés, les jour et an ci-dessus.

Signés le baron Bignon.
Le comte Guilleminot.
Le comte de Bondy.
Le baron de Muffleing.
T. B. Hervey, colonel.

Approuvé et ratifié la présente suspension d'armes à Paris, le 3 juillet 1815.

Signé le maréchal prince d'Eckmülh.

La reddition de Paris excita en général la satisfaction des paisibles citoyens; les angoisses des époux et des pères furent calmées; mais l'honneur militaire ne permit pas aux soldats de la considérer sous le même aspect. La plupart d'entre eux témoignaient leur mécontentement. Ils se dirent encore une fois trahis.

La capitulation de Paris semblait devoir mettre fin à toutes les divisions; mais ce fut en cette circonstance même que les chambres manifestèrent le plus leur dessein d'éterniser nos malheurs ; elles s'obstinèrent à ne reconnaître que Napoléon II, « et elles mirent sous la sauve-garde spé- « ciale des armées, des gardes nationales « et de tous les citoyens, la cocarde, le « drapeau et le pavillon tricolores ».

Mais tout allait prendre une nouvelle face. On savait que *Monsieur* n'était pas loin : on n'ignorait pas non plus que le roi s'avançait rapidement, escorté par sa garde fidèle et une armée de gardes nationaux des départemens qu'il avait traversés. Plusieurs journaux imprimèrent la dernière proclamation du roi aux Français, celle qu'il avait fait paraître à Cambrai huit jours auparavant. Les partisans de Bonaparte s'empressèrent d'arracher presque au moment même où on l'affichait dans Paris, cette proclamation, si propre à fixer les idées, à calmer les inquiétudes, à rassurer les esprits. L'armée se prononçait de plus en plus contre la convention qui sauvait la capitale de la France.

Un certain nombre de fédérés montra des dispositions également alarmantes. Il y eut sur les boulevards et dans les rues des coups de fusil tirés à l'approche de la nuit. On entendit même quelques coups de canon. C'était le 5 juillet ; et cette journée pouvait devenir fatale. Nous venions d'échapper aux plus grands dangers, et des dangers non moins redoutables nous menaçaient encore. Aussitôt la générale bat dans tous les quartiers : l'infatigable garde nationale est à son poste, les boutiques se ferment ; et tandis que des hommes égarés semblent prêts à se porter aux plus violens excès, l'impassibilité, la prudence, le sang-froid des bons citoyens, parvinrent à ramener l'ordre. On remarqua que les régimens de la garde impériale donnèrent l'exemple de l'amour pour la discipline et le calme. Leur contenance était triste ; mais ils exécutaient la convention sans murmures, sans aucunes de ces vociférations alarmantes dont les soldats de plusieurs autres corps épouvantaient les citoyens paisibles. La commission du gouvernement fit une proclamation tendante à maintenir l'ordre. « Soyez unis, disait-

« elle aux Français, et vous touchez au « terme de vos maux. » Ces paroles consolantes étaient facilement interprêtées ; mais tandis qu'on se livrait à l'espoir qu'elles faisaient naître, la chambre des représentans, au lieu de réprimander les fauteurs de l'indiscipline, faisait publier la plus étrange déclaration. Elle annonçait « que tout gouvernement qui n'aurait « d'autre titre que les acclamations de la « *minorité*, qui *n'adopterait pas les cou-* « *leurs nationales*, etc., etc., *n'aurait* « *qu'une existence éphémère*, et n'assu- « rerait pas la tranquillité de l'Europe. » Certes, c'était bien là un manifeste contre le gouvernement royal. Ce dangereux écrit fut affiché avec profusion dans cette même ville où l'on ne permettait pas au père des Français de consoler, par la manifestation de ses sentimens, ses enfans malheureux.

Quoi qu'il en soit, plusieurs gardes nationaux allèrent à Saint-Denis présenter leur hommage à *Monsieur*, leur colonel général, et lui exprimer les sentimens de tous les bons citoyens. En même tems les alliés, selon la convention, occupaient les retranchemens de Montmartre; et dans Paris, les personnages les plus marquans prenaient leur parti selon le rôle qu'ils avaient joué depuis quelques mois.

Le 8 juillet, environ cinquante mille alliés entrèrent par la barrière de l'Etoile dans la ville, où, à l'exception des malades et des blessés, il ne se trouvait plus de forces régulières françaises; et l'on sut, d'une manière positive, que le roi était à Saint-Denis avec les troupes de sa maison.

La chambre des représentans s'occupait le 7 juillet de l'hérédité des pairs, lorsqu'elle reçut la lettre suivante, signée de tous les membres de la commission du gouvernement : « M. le président, jusqu'ici nous « avons dû croire que les intentions des « souverains alliés n'étaient point unani- « mes sur le choix de prince qui doit ré- « gner en France.

« Nos plénipotentiaires nous ont donné « les mêmes assurances à leur retour; ce-

« pendant les ministres et les généraux « des puissances alliées ont déclaré hier, « dans les conférences qu'ils ont eues avec « le président de la commission, *que tous « les souverains s'étaient engagés à re- « placer Louis XVIII sur le trône*, *et « qu'il doit faire ce soir ou demain son « entrée dans la capitale.*

« Les troupes étrangères viennent d'oc- « cuper les Tuileries, où siége le gouver- « nement; dans cet état de choses, nous « ne pouvons plus que faire des vœux « pour la patrie, et nos délibérations n'é- « tant plus libres, nous croyons devoir « nous séparer.

« Le maréchal prince d'Eckmülh et le « préfet de la Seine ont été chargés de « veiller au maintien de l'ordre, de la sû- « reté et de la tranquillité publique ». Après la lecture de cette lettre, un des députés, qui avait le plus activement travaillé à la constitution nouvelle, M. Manuël, jugea convenable de répéter le mot fameux de Mirabeau : « Nous avons été envoyés par « la volonté de nos commettans, nous ne

« sortirons que par la puissance des baïon- « nettes ». Le 8 juillet le roi fit son entrée dans la capitale, au milieu des applaudissemens les plus vifs, et les acclamations de l'allégresse les moins équivoques.

M. le comte de Chabrol, préfet, à la tête du corps municipal, adressa au roi, près de la barrière, un discours simple et touchant, qui produisit un effet prodigieux sur ceux qui l'entendirent. Tout-à-coup, aux cris qui l'avaient suivi, succéda un silence, un recueillement auquel je ne crains pas de donner l'épithète de religieux. On ne voulait pas perdre un seul mot de la réponse du roi. Il dit avec le ton d'une inexprimable bonté :

« Je ne me suis éloigné de Paris qu'a- « vec la douleur la plus vive, et une « égale émotion. Les témoignages de « la fidélité de ma bonne ville de Paris « sont arrivés jusqu'à moi. J'y reviens avec « attendrissement ; j'avais prévu les maux « dont elle était menacée. Je désire les « prévenir et les réparer ».

Arrivé aux Tuileries à six heures, le

roi se montra plusieurs fois à la foule qui remplissait le jardin. Il y descendit même, et la nuit était avancée lorsque l'on quitta le lieu qu'il habitait, en se promettant mutuellement de revenir le lendemain. Sans aucun ordre de l'autorité, la ville fut illuminée entièrement, et un grand nombre de transparens, de devises ingénieuses, parurent à diverses maisons. Le lendemain si désiré était un dimanche : les Tuileries ce jour-là furent le théâtre d'une de ces scènes d'enthousiasme populaire, que nul récit ne peut décrire. Le roi s'était rendu le matin à l'église Notre-Dame, où il avait entendu la messe. Par un sentiment apprécié de toutes les âmes délicates, il avait défendu que l'on chantât le *Te Deum*. Les cœurs français se dédommagèrent par le *Domine salvum fac Regem*.

Dans la soirée, et tandis que les spectacles, fermés depuis plusieurs jours, redevenaient brillans, on se réunit encore dans le jardin des Tuileries, et chacun mit la plus vive émulation à faire éclater son allégresse. Tout-à-coup, sous les yeux dû roi, des femmes charmantes, des personnes de tout âge et de tout état se mirent à former des danses. Ce qui caractérisa surtout cette fête improvisée, ce fut l'union intime qui s'établit entre des personnes qui ne se connaissaient pas. Il fallut qu'un des parterres fût abandonné à tous ces groupes ivres de joie.

Mais, au milieu des élans de la joie, on fut surpris de l'aspect menaçant que prirent tout d'un coup les armées maîtresses de Paris. Elles ne se contentèrent pas, comme en 1814, de joindre des soldats aux patrouilles de la garde nationale : les ponts, les places publiques furent occupés par des militaires de toute arme, et même par de l'artillerie. On logea des troupes chez les habitans. Mais la surprise et l'indignation s'accrurent encore lorsque l'on apprit que les Prussiens faisaient des préparatifs pour faire sauter le pont élevé vis-à-vis l'Ecole militaire, parce qu'il portait le nom d'Iéna. A la vérité, Bonaparte leur avait ravi plusieurs monumens, et entr'autres la colonne de Rosbach; mais n'avaient-ils pas déclaré qu'ils ne faisaient la guerre qu'à lui seul, et qu'il respecteraient les monumens publics? Le roi ne fut pas moins affligé que les bons citoyens : il fit d'énergiques réclamations, qu'il termina en désirant savoir le moment où le pont serait détruit, afin d'aller se placer dessus. On ignore quels résultats auraient eu sa noble intervention, si les empereurs de Russie et d'Autriche, et le roi de Prusse, ne fussent arrivés à Paris. Leur présence et les démarches du roi donnèrent aux choses une tournure moins alarmante.

On désirait impatiemment connaître le sort de Bonaparte : il avait bien annoncé « que sa carrière politique était terminée; » mais on savait quel fond l'on devait faire sur ses promesses les plus solennelles; son nom d'ailleurs était encore, pour les agitateurs, un sujet de trouble. Une nouvelle officielle vint enfin apprendre qu'il était en rade de Rochefort, à bord du vaisseau anglais *le Bellérophon.*

Il paraît constant que, désespérant d'échapper à l'escadre qui l'observait, il prit tout-à-coup la résolution de lui confier sa personne. On regarda comme un rare bonheur, qu'il n'ait pu se rendre à l'armée de la Loire (1).

(1) Les précautions avaient été tellement prises contre Bonaparte qu'il ne pouvait éviter de se jeter, malgré lui, dans la croisière anglaise. *Fouché* ne le perdait pas de vue ; c'était ce même Fouché, duc d'Otrante, par la grâce de Napoléon, qui persuada à la chambre des députés de s'occuper d'une constitution, lorsque les Puissances alliées étaient aux portes de Paris.

FIN.

www.ingramcontent.com/pod-product-compliance
Ingram Content Group UK Ltd.
Pitfield, Milton Keynes, MK11 3LW, UK
UKHW021231230726
13926UKWH00003B/1380

9 782014 458435